Alfred Komarek · Ausseerland

Alfred Komarek

AUSSEERLAND

Die Bühne hinter den Kulissen

Kremayr & Scheriau

Die Deutsche Bibliothek – CIP-Einheitsaufnahme
Komarek, Alfred:
Ausseerland: die Bühne hinter den Kulissen/Alfred Komarek. –
Wien: Kremayr und Scheriau, 1992
ISBN 3-218-00549-3

Lektorat: Brigitte Hilzensauer
Schutzumschlagentwurf: Kurt Rendl, Wien
Gestaltung: Rudolf Kasparek
Satz: datacon, Wien
Reproduktionen: Beissner & Co., Wien
Druck und Bindung: Wiener Verlag, Himberg bei Wien
ISBN 3 218 00549 3

INHALTSVERZEICHNIS

AUSSEE UND DIE AUSSEER

Alles fängt damit an, daß die Erdgeschichte seit Millionen von Jahren eine erstaunliche Bereitschaft zeigt, dem Wesen der Ausseer gerecht zu werden. Sie hat mit einem geräumigen Talkessel für ein behagliches Nest gesorgt und an seinen Rand Berge gestellt, so schön, daß sie zahlungskräftige Gäste anlocken, und so hoch, daß nicht jeder dahergeflogene Kuckuck auf die Idee kommt, ein Ei zu hinterlegen.

Das Ausseerland ist eine gastfreundliche Auster. Wer ans Ziel gelangen will, muß sich erst einmal anstrengen. Die Zufahrtsstraßen führen über Pässe, die Eisenbahn zwängt sich durch ein enges Gebirgstal. Ist erst einmal Bad Aussee erreicht, fächert sich allerdings die Geographie in freundlicher Übersichtlichkeit auf: Täler, Flüsse und Straßen eilen einem Mittelpunkt zu, der natürlich auch der Mittelpunkt von Österreich ist. Auch sonst ist alles ganz einfach: Wer zum Grundlsee möchte, folgt der Traun, wer zum Altausseer See will, folgt der Traun, wer den Ödensee anstrebt, folgt der Traun, und wer das Ausseerland Richtung Hallstatt verlassen will, tut das erst recht traunwärts. Es ist ein Streich von geradezu genialer Hinterlist, alle Flüßchen des Landes beim gleichen Namen zu nennen. Die Ausseer wissen Bescheid, und allen anderen gönnt man gerne die lehrreiche Erkenntnis, daß ein Begriff hierzulande für jede Richtung gelten kann, ebensogut aber auch für eine gemeinsame. Außerdem ist

„. . . ich liebe diese Landschaft so sehr, je älter ich werde, desto reicher wird sie mir . . .“ (Hugo von Hofmannsthal)

es ein schönes Beispiel für angewandte Diplomatie, daß drei Gewässer namens Traun, die aus verschiedenen Himmelsrichtungen aufeinander zu fließen, das Kunststück fertigbringen, nur einen Traun-Ursprung zu haben und daß dieser noch dazu fremdenverkehrswirksam mit dramatischer Optik und wildromantischer Umgebung ausgestattet ist.

Ursprünglich war das Ausseerland Meeresboden. Das Wasser schwand, das Salz blieb, und als sich die Erdkruste erst einmal kräftig räkelte, schoben sich die abgelagerten Schichten ineinander und übereinander, wurden angehoben und zerbrachen. Dann zog die Eiszeit ins Land, Gletscherströme vereinigten sich zu einer mächtigen Eisdecke, deren Druck und Bewegung das Tote Gebirge vom Dachsteinmassiv abtrennten und das Ausseer

Becken ausräumten. Als die Gletscher schrumpften, modellierten Gletscherzungen die Landschaft, häuften gewaltige Schuttmassen als Endmoränen an, zogen sich später von diesen zurück und füllten mit ihrem Schmelzwasser den Grundlsee und den Altausseer See an. Ein dritter See entstand dort, wo heute der Ausseer Ortsteil Unterkainisch liegt, floß aber dann durch das tiefer gewordene Koppental ab. Die Schmelzwasserflüsse – jeder von ihnen eine künftige Traun – gruben ungestüm Flußbetten und Täler in den Gletscherschutt und schoben überflüssiges Material in den Hallstätter See. Dabei ist es übrigens bis heute geblieben, und auch die Landschaft des Ausseerlandes hat sich nicht mehr wesentlich geändert.

„Es liegt über dieser Gegend hier eine Ruhe, die jeden, welcher Gefühl für die großartige Natur hat, ansprechen muß." (Erzherzog Johann über den Grundlsee)

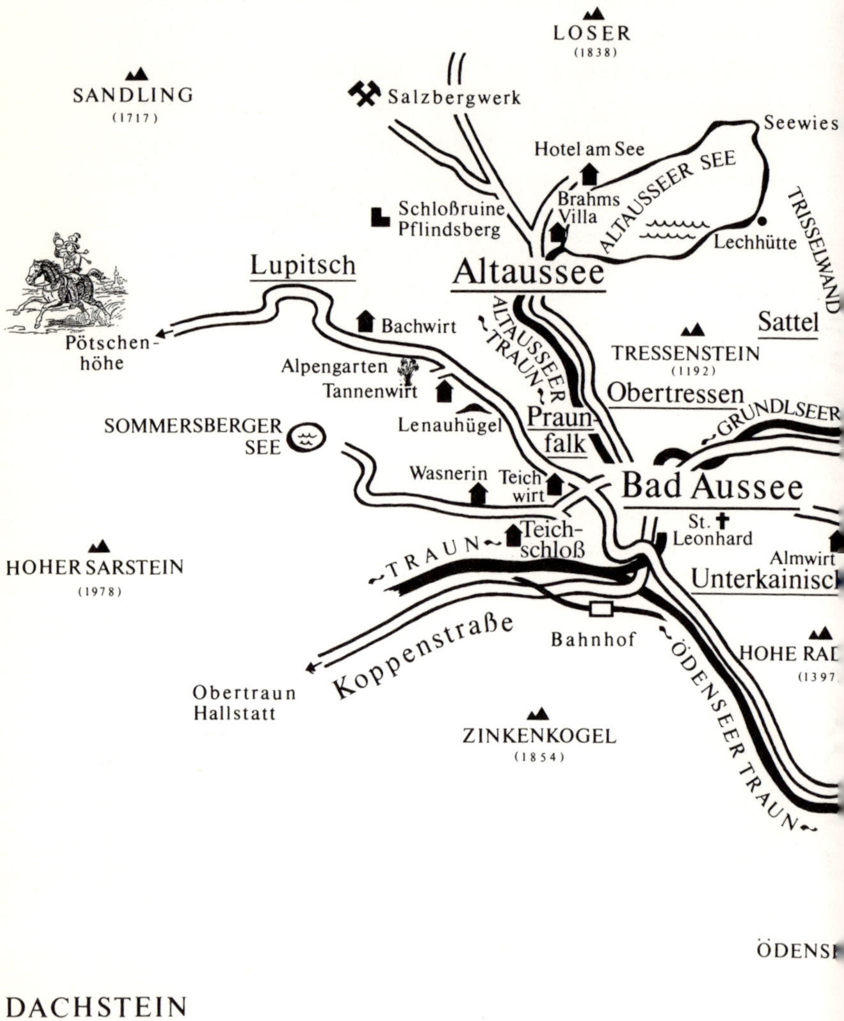
LOSER
(1838)
SANDLING
(1717)
Salzbergwerk
Seewies
Hotel am See
ALTAUSSEER SEE
Schloßruine
Pflindsberg
Brahms
Villa
TRISSELWAND
Lechhütte
Lupitsch
Altaussee
Bachwirt
ALTAUSSEER TRAUN
Sattel
TRESSENSTEIN
(1192)
Pötschen-
höhe
Alpengarten
Tannenwirt
Obertressen
GRUNDLSEER
SOMMERSBERGER
SEE
Lenauhügel
Praun-
falk
Wasnerin
Teich
wirt
Bad Aussee
St.
Leonhard
Teich-
schloß
TRAUN
Almwirt
HOHER SARSTEIN
(1978)
Unterkainisch
Koppenstraße
Bahnhof
HOHE RAD
(1397)
Obertraun
Hallstatt
ZINKENKOGEL
(1854)
ÖDENSEER TRAUN
ÖDENS
DACHSTEIN

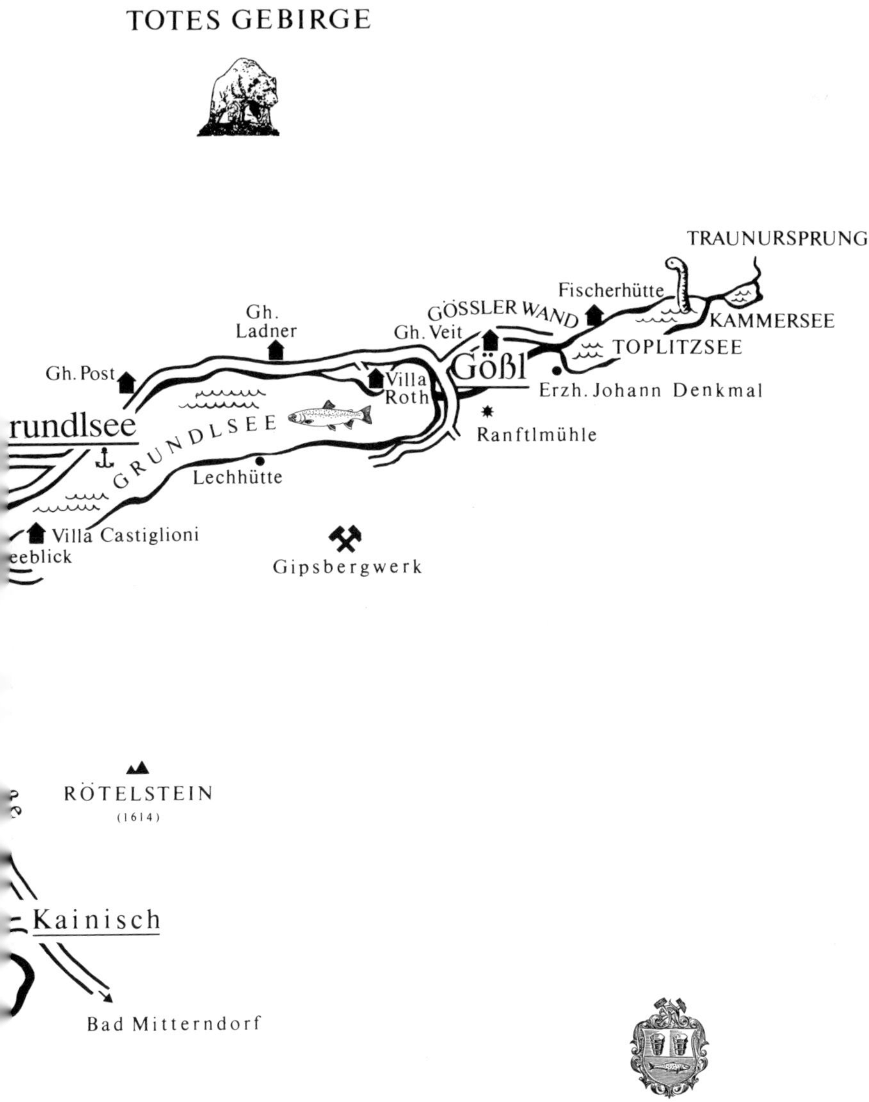

AUSSEERLAND

Daß es schon während der Eiszeit, als es zwischendurch wieder einmal ein wenig wärmer wurde, Ausseer gegeben hat, kann nur den erstaunen, der ihre Nachfahren nicht kennt. Jedenfalls gehörten die dort hausenden urtümlichen Höhlenbewohner zu den ältesten Österreichern und waren von Beruf altsteinzeitliche Bärenjäger. Es wäre natürlich ebenso unverschämt wie falsch, der heutigen Bevölkerung des Ausseerlandes eine enge Verwandtschaft zu diesen hochalpinen Rabauken zu unterstellen; andererseits reichen in dieser geheimnisvollen Gegend die Wurzeln tiefer, als man zu denken vermag.
Das Angedenken an Noriker, Taurisker, Kimbern und Teutonen ist vergleichsweise längst nicht so ausgeprägt; das römische Reich berührte das Ausseerland nur beiläufig. Dann aber spülten die Wogen der Völkerwanderung Slawen ins Tal. Sie waren zwar nicht sehr zahlreich und benahmen sich unauffällig, bewährten sich aber als eifrige Namensgeber: Gößl und Toplitzsee, Trisselwand und Loser, Pötschen und Tressenstein . . . Manche argwöhnen, auch Aussee könne von einem slawischen Wort, nämlich „osoje" – Tal im Schatten – hergeleitet werden, aber dieser Theorie kann sich die Fremdenverkehrsdirektion beim besten Willen nicht anschließen, und daß der langgestreckte Grundlsee ausgerechnet das Wort „kroglo" – also rund – zum Namensgeber haben soll, ist auch nicht recht einzusehen.
Später drängten bayerische Siedler ins Land. Diese hielten sich nicht lange mit Wortklaubereien auf, sondern etablierten das Christentum. Nach und nach gewann der Salzbergbau an Bedeutung, und für Aussee entstand eine Ordnung, die über Jahrhunderte Gültigkeit haben sollte. Gleich welcher Herrscher welcher Nation dieses salzgefüllte Schatzkästlein sein eigen nannte: Er besaß Reich-

„Ringsum die reichhaltigsten Naturgenüsse in Ausflügen nach den Seen, den Almen, den Dörfern, den Waldhügeln darbietend..." (Hermina von Chézy über Bad Aussee).

tum und Macht, und für die Ausseer, welche das „weiße Gold" heranschafften, blieb auch noch etwas übrig. So lebten sie, von den Wirren der Zeit immer nur am Rande berührt, und dieses ruhige Dasein innerhalb der engen Grenzen des Salzkammergutes veranlaßte sie zu einer eigentümlichen Expansion nach innen. Ganz ohne Zweifel erfolgte, von der Außenwelt unbemerkt, in diesen Jahrhunderten jene erstaunliche Eintiefung der Gemüter, deren verborgene Kammern und Labyrinthe sich als verläßliche Zufluchtsstätten erwiesen, als mit dem Fremdenverkehr die große, weite Welt versuchte, das Ausseerland zu erobern. Sie versucht es heute noch und ist ganz begeistert über jeden neuen blauen Fleck, den sie sich dabei holt.
Die nicht mehr bärenjagenden Ausseer sind indes wie eh

und je ein ruppiges, aber taktvolles Volk, querköpfig, eigensinnig und tolerant. Zueinander stehen sie wie Planeten eines Sonnensystems: distanziert und in spröder Harmonie verbunden. Klar, daß eine solche Konstellation Gäste anlockt. Was den Fremdenverkehr betrifft, ist man sich darüber einig, daß er zwar wünschenswert, aber lästig sei; besondere Gäste dürfen unter Umständen auf eine differenziertere Betrachtungsweise hoffen. Die kaiserliche Präsenz war anregend, doch nicht sonderlich aufregend, die Damen und Herren von Adel waren (und sind) durchaus geeignet, zur skurrilen Qualität des Ausseer Universums beizutragen, und Genies und Narren waren zu jeder Zeit willkommen. Es kann sogar passieren, daß ein Ausseer berühmt wird, solchermaßen den Heimatboden unter den Füßen verliert, als Gast zurückkommt und um seine neuerliche Einbürgerung kämpfen muß. Als ein erstes Indiz für das Gelingen darf gelten, daß der berühmte Mensch wieder jener erlesenen Bosheit gewürdigt wird, die hierzulande von menschlicher Nähe kündet. Nimmt man ihn dann noch wichtig, indem man seinen Glanz ignoriert, darf er hoffen. Jene Unglückseligen allerdings, die meinen, Aussee sei eine Bühne für schicke Selbstverwirklichung, werden mit hinterhältiger Zuwendung und falschem Applaus bestraft: Aber sie kommen ja trotzdem wieder.

Was die echten, die wirklich und wahrhaftig echten Ausseer betrifft, gibt es natürlich auch die Möglichkeit, daß es sich um eine fiktive Existenzform handelt, von Ausseern erfunden, die viel zu verspielt und verschroben sind, um ihre eigene Echtheit ernst zu nehmen. Jedenfalls neigt diese Gattung zur Unauffälligkeit. Tunlichst wird es ein Ausseer vermeiden, hohe Ämter im Ort zu bekleiden. Widerfährt ihm das Mißgeschick aber doch, empfiehlt es

Einer der wesentlichen Ausseer: Emil, die graue Eminenz unter den Männern der Müllabfuhr und ein begnadeter Sänger.

sich, unverzüglich den gesellschaftlichen Ruin oder einen wirtschaftlichen Zusammenbruch anzusteuern: Das nimmt keiner wirklich krumm, und es trägt zur Unterhaltung bei.

Für Menschen wie du und ich ist das alles ziemlich rätselhaft, und nur selten ist eines der unbekannten Wesen bereit, eine allgemein verständliche Lektion über sein Inneres zu erteilen. Als eines der raren Beispiele darf jenes Schild gelten, auf dem ein Wirt seinen Gästen mitteilte: „Mittagessen von 12 bis 14 Uhr." Als die Hungrigen dann kamen, war das Wirtshaus geschlossen, denn der Wirt aß zu Mittag, von 12 bis 14 Uhr. So kommt Licht ins Dunkel der Ausseer Seelen, aber es reicht nicht aus. Allein die Aufgabe, die gar nicht subtilen Unterschiede zwischen Bad Ausseern, Altausseern oder gar Grundlseern zu erforschen, zwingt die Tapfersten in die Knie.

Glaubt man dann endlich, die Grenzen zwischen drei Welten zu erahnen, stellen die Altausseer ein Bierzelt auf, in dem sich alle Ausseer zusammenrotten und nachhaltig vermengen. Die Veranstaltung ist, was den Stellenwert bei Prominenten und Adabeis angeht, ein wenig besser angeschrieben als der Wiener Opernball, das interessiert aber die Ausseer nicht. Sie warten nämlich auf Emil. Emil, die graue Eminenz unter den Männern der Müllabfuhr, tritt nur einmal im Jahr auf. Kommt dieses Ereignis näher, werden die Ausseer nervös, bittet ihn der Ansager auf das Podium, wischt er alle, die anderswo Weltstars sind, ins Reich der Belanglosigkeit. Jahrelang hat Emil die „Caprifischer" gesungen, jedes Jahr lauter und mit noch mehr Gefühl. Als eine Steigerung nicht mehr möglich schien, erweiterte er entschlossen sein Repertoire.

Ausseer neigen nicht zu rasender Ekstase. Es sei denn, Emil singt. Und Klaus Maria Brandauer, auch so ein Ausseer, spendet neidlos Beifall . . .

STEINZEIT-AUSSEER, HÖHLENBÄREN UND ERZHERZOG JOHANN

Da die allerersten Ausseer angesichts einer noch unfertigen Tallandschaft auf den lichten Höhen des damals offensichtlich lebendigeren Toten Gebirges logierten, ist es nur recht und billig, dieses steinerne Dach des Ausseerlandes ein wenig näher ins Auge zu fassen: erstarrtes, graues Gewoge, das sich heutzutage alle Mühe gibt, seinem Namen gerecht zu werden. Eine Hochkarstfläche, die größte der Alpen, dehnt sich über 250 Quadratkilometer. Nadelwald versucht halbherzig die Flanken zu begrünen, wird bald schütter, dann krallen sich noch ein paar Latschen in den Fels, um endlich der Steinwüste Platz zu machen. Das Tote Gebirge ist aber eine schöne Wüste, vielgestaltig, vom Wasser modelliert, durch Brüche und Störungszonen gegliedert. Der gewaltige Kalkklotz hat überdies ein bemerkenswertes Innenleben, und auch daran ist das Wasser schuld. Treffen wasserführende Fugen aufeinander, entsteht Kohlendioxyd, Kalk wird aufgelöst. Aus der Fuge wird eine Spalte, und ein paar Jahrtausende später haben Wasser, Sand, Schlamm und Kies eine Höhle entstehen lassen. Über sechshundert hat man im Toten Gebirge gefunden. Manche erzählen seltsame Geschichten, dann heißen sie Pygmäenloch, Raunende Luck'n oder Großes Geldloch. Oder sie bergen Spuren urtümlichen Lebens, wie etwa die Salzofenöhle: Wohnzimmer, Küche und Tempel der Steinzeit-Ausseer.

Anno 1810 kam übrigens hoher Besuch in die unmittelbare Nähe dieser seltsamen Behausung, doch Erzherzog Johanns ambitionierter Neugier blieb das prähistorische Eigenheim verborgen. Erst hundertvierzehn Jahre später suchten zwei Jäger in der Salzofenhöhle Schutz vor einem Unwetter und fanden zu ihrem Erstaunen zahlreiche Knochen. Erzherzog Johann seinerseits hatte bei seinem Besuch im Ausseerland den Salzberg und die Pfannhäuser, die Kirchen und das alte Rathaus besichtigt; dann schoß und kegelte er mit den Ausseern um die Wette und begab sich endlich zum Grundlsee. Nach einer erquicklichen Nacht in Gößl (Gößler Nächte sind für ihren Erholungswert bekannt) wanderte er zum Toplitzsee, nicht ahnend, daß dort neun Jahre später eine romantische Begegnung sein Leben verändern sollte. Festen Schrittes begab er sich trotz übler Witterung über den Lahngangsee zur Elmgrube im Toten Gebirge, und einer der Gipfel, die er in den nächsten Tagen bezwang, war eben jener Salzofen, von dessen geheimnisvollem Innenleben man erst viel später erfahren sollte.
Ein seltsamer Zufall brachte die Dinge 1924 ins Rollen: Zur Zeit des Knochenfundes machte ein Lehrer, Otto Körber, Urlaub in der Fischerhütte am Lahngangsee. Im festen Vertrauen auf die umfassende Kompetenz des Pädagogen zeigten ihm die Jäger ein paar Fundstücke, und in diesem Augenblick wurde ein Lehrer zum Jäger: Otto Körber begann damit, die Räume beim Haupteingang der Höhle zu erforschen, er zwängte sich kühn durch kaum schliefbare Röhren, drang durch steil abfallende Kluftgänge über hundert Meter in die Tiefe vor, entdeckte neue Gänge, stieß auf gewaltige Hallen. Vor allem aber fand er Knochen, große Mengen von Knochen. Erst verwandelte er sein trautes Heim in Bad Aussee in ein Kno-

chenlager, dann richtete er im alten Gasthof „Zur Traube“ ein kleines Museum ein. Soviel stand von Beginn an fest: Die Salzofenhöhle wurde in der Eiszeit von einer erstaunlich vielfältigen Tierwelt benutzt, darunter an erster Stelle Höhlenbären, prächtige Burschen, gegen die ein heutiger Braunbär geradezu niedlich wirkt. Körber fand so viele Bärenknochen, daß er mit fachkundiger Hilfe ein komplettes Skelett zusammensetzen konnte; es schmückt heute das Heimatmuseum im Kammerhof von Bad Aussee. Der unermüdliche Forscher schleppte aber auch Überreste von Wölfen, Mardern und Steinböcken ins Tal, er entdeckte das fast vollständige Skelett eines Vielfraßes, und schließlich gelang ihm noch ein besonders aufregender Fund: Gebeine einer Großkatze, eines Höhlenlöwen oder Höhlentigers.
Eines war allerdings erst zu beweisen: die Anwesenheit von Menschen in diesem eiszeitlichen Quartier. Wohl hatte Körber Holzkohle und Brandspuren gefunden, doch ihre Beschaffenheit reichte für einen wissenschaftlichen Nachweis nicht aus. Der wackere Forscher war jedoch felsenfest davon überzeugt, daß seine Höhle eine Siedlungsstätte des Altsteinzeitmenschen darstellte. Immerhin gelang es ihm 1934, ein Steinwerkzeug zu finden, überdies stieß er auf seltsam geformte Knochen und Zähne, die als Kunstwerke zu deuten waren. Längst war allerdings sein Verhältnis zu den offiziellen Organen der Wissenschaft zwiespältig geworden. Da kamen irgendwelche Leute in seine Höhle, zweifelten, stellten mißtrauische Fragen und wußten alles besser. Otto Körber revanchierte sich für derlei akademische Belästigung damit, daß er sich einen kleinen Wissensvorsprung bewahrte. Den Mitgliedern einer Expedition der Zentralstelle für Denkmalschutz trat er 1939 recht wortkarg gegenüber,

und sein famoses Steinwerkzeug war gerade nicht zur Hand. Erst 1942, als eine kommissionelle Begutachtung seiner Funde vorgenommen wurde, legte er auch diesen Fund vor, mochte sich aber an nähere Umstände nicht so recht erinnern. Erst nach seinem Tod, als 1948 die wissenschaftliche Forschungsarbeit in der Salzofenhöhle fortgesetzt wurde, ergab sich aus den Aufzeichnungen im Nachlaß von Otto Körber, daß unter seinen Funden sehr wohl Knochenstücke gewesen waren, die Spuren menschlicher Bearbeitung aufwiesen. Die Funddaten jenes Steinwerkzeuges, das sich als „Hornschaber" herausstellte, waren exakt aufgezeichnet und mit einer Skizze des Fundortes ergänzt. Das Bundesdenkmalamt ordnete neuerliche Grabungen an, die Höhle – ingesamt zweitausend befahrene Meter – wurde vermessen, Ablagerungen wurden analysiert und auf ihren Gehalt an vorzeitlichen Pflanzenpollen untersucht. Vor allem gab es neue, wichtige Funde: weitere Steinwerkzeuge, geformte Knochenstücke, durchlochte Wirbel. Im Vorraum der Höhle wurde eine Kulturschicht mit einer Herdstelle entdeckt; die Untersuchung der Asche ergab ein Mindestalter von 30.000 Jahren. Auch fanden sich, in Wandnischen verborgen, Höhlenbärenschädel, die auf eine seltsame Art von flachen Steinen umrahmt waren. Schon möglich, daß die ersten Ausseer die Bären nicht nur jagten, sondern auch verehrten und ihre Schädel feierlich bestatteten, wie es Bärenjäger im hohen Norden noch heute tun.

Übrigens sind die Bären dem Ausseerland noch lange treu geblieben; sogar Erzherzog Johann erwähnt sie in seinem Tagebuch. Johanna Gräfin zu Eltz bekam vom alten Siegl Poldl, der 1936 das biblische Alter von 94 Jahren erreicht hatte, erzählt, daß sein Vater noch Bären gesehen habe. Und dann gibt es noch die greuliche

Geschichte vom Bären im Bärental, der zum Schrecken der Almleute geworden war. Aber er hatte nicht mit dem Heldenmut des Stieres Jodl gerechnet, der zum Schutz seiner geliebten Kühe die Hörner senkte und das zottige Untier angriff. Der Bär, nicht eben schwächlich, drückte den armen Jodl gegen den Felsen, daß die Knochen nur so knackten; dann aber stieß der Stier mit letzter Kraft noch einmal zu, um endlich über dem sterbenden Bären sein Heldenleben auszuhauchen.

Weniger dramatisch soll die Begegnung eines Vorfahren der Kaunzen-Familie auf dem Sattel zwischen Altaussee und Grundlsee verlaufen sein. Der Mensch erschrak, der Bär nicht minder, beide stießen einen herzhaften „Hröhra" aus und suchten in entgegengesetzten Richtungen das Weite. Jedenfalls heißt der Felsblock, wo dies geschah, noch heute „Bärenstein".

Sogar heutzutage ist das Ausseerland auch für Bären ein attraktives Urlaubsziel: seit einiger Zeit streift wieder ein zottiges Untier durch die Wälder, erschreckt Urlauber und säuft den Holzknechten Rapsöl weg, das sie zum Schmieren ihrer Kettensägen verwenden.

Doch zurück zu Oberschulrat Otto Körbers Bärenhöhle, in die er im Laufe von fast zwei Jahrzehnten unendlich viel Zeit und Geld investierte und für [illegible] das Mißtrauen der Wissenschaft auf sich nahm. Er wußte ja, daß er recht hatte und daß nach seinem Tode die Forschungen seine Theorie im wesentlichen bestätigen würden. Die Steinzeit-Ausseer waren lebendige Wirklichkeit.

Es gibt aber noch andere Spuren frühen Lebens in den Bergen. Vor allem auf dem östlichen Dachsteinplateau finden sich an Stellen, die vor der Witterung geschützt sind, an überhängenden Wänden, Höhlenportalen und Klammen Felsritzzeichnungen. Besonders viele, über

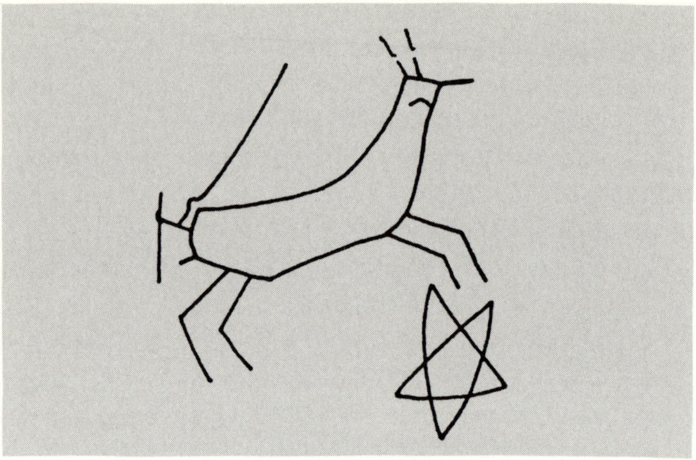

Über fünfhundert Felsritzzeichnungen an den Wänden der düsteren „Notgasse“ harren ihrer schlüssigen Deutung. Erich von Däniken war noch nicht hier.

fünfhundert, bedecken die Wände der düsteren „Notgasse“, einer engen Klamm, durch die ein uralter Pfad von Gröbming auf das Dachsteinplateau führt. Die Zeichnungen wirken seltsam abstrakt, altertümlich und geheimnisvoll. Kreise und Kreuze sind zu erkennen, Räder und Drudensterne, Rauten, Dreiecke und Quadrate, Spiralen und Mäander. Aber auch Leitern findet man da, christliche Monogramme, Haus- und Hofmarken, Herzen, Hände, Bäume und Armbrüste. Das hat natürlich jede Menge Hobbyforscher auf den Plan gerufen; die Deutung der Symbolik dieser Abbildungen ist einfach viel zu aufregend, um sie nur der exakten Wissenschaft zu überlassen. Weitgehende Einigkeit herrscht jedenfalls darüber, daß die meisten Zeichnungen aus dem Spätmittelalter und der Neuzeit stammen, einige aus dem Hochmittelalter, nur ganz wenige aus der Spätbronzezeit. Anderererseits ist die Wissenschaft auch nicht so hartherzig, die Möglichkeit gänzlich auszuschließen, daß vereinzelte Zeichnungen das Tor zur Vorgeschichte öffnen könnten. Auch die exakte Interpretation der Felsritzbilder ist problematisch. Viele der Zeichen haben religiöse Inhalte oder magische Funktion, andere sagen vielleicht nur aus, daß ein Mensch den Wunsch verspürte, seine Anwesenheit im Gebirge dauerhaft zu dokumentieren, ein Gedanke, der irgendwie beunruhigt: Noch steht in den Felswänden der Notgasse nicht zu lesen, daß Heike und Heino aus Kassel hier waren, aber ein paar mutwillige Kratzereien allerneuesten Datums gibt es schon. Gottlob ist die Gegend ziemlich unwegsam: der nächste Parkplatz liegt etwa tausend Höhenmeter tiefer.

DIE ALTEN HANDELSWEGE

Rom war noch nicht gebaut, als Hallstatt durch die Salzgewinnung eine erste Blüte erfuhr und wagemutige Händler die unwegsamen Gebirgstäler bereisten. Damit setzte auch im Ausseerland so etwas wie prähistorischer Fremdenverkehr ein. Es sollte allerdings noch gute zweitausend Jahre dauern, bis die Eisenbahn das innere Salzkammergut endgültig vom einschichtigen, abgeschiedenen Winkel in ein bequem erreichbares, attraktives Reiseziel verwandelte. In den Jahren 1876/77, als die Schienenstrecke durch das Koppental gelegt wurde, fand man Gegenstände aus der Bronzezeit: einen Helm zum Beispiel, der plattgedrückt tief im Schotter der Traun steckte und heute, sorgsam ausgebeult, im Hallstätter Museum ausgestellt wird. Jedenfalls müssen es recht trittsichere Händler gewesen sein, die sich durch das enge, walddunkle Tal wagten, in dem eine ungebärdige Traun bis heute nur widerwillig Platz für einen schmalen Weg neben den Eisenbahnschienen läßt. Wegen häufiger Überschwemmungen mußte die Trasse kurze Zeit nach ihrem Bau höher gelegt werden, und so gibt es heute einen schönen Tunnel zu bewundern, der in seiner erhabenen Zwecklosigkeit irgendwie ans Herz greift. Aber vielleicht darf er eines Tages doch wieder einmal Ziele verbinden, wenn der Plan Wirklichkeit werden sollte, einen Wanderweg zwischen Bad Aussee und Obertraun zu schaffen.

Gleich nach dem Bau der Bahntrasse bewies die Koppentraun den k. k. Ingenieuren, daß es besser gewesen wäre, Respektabstand zu halten.

Doch zurück in die Vergangenheit: Als die Römer ins Ausseerland kamen, gingen sie, wenn auch aus militärischen Erwägungen, einer überaus lobenswerten Tätigkeit nach: sie bauten Straßen. Man weiß nicht genau, wie sie damals verliefen, aber daß es eine Verbindung vom Ennstal über Mitterndorf und Aussee in Richtung Salzburg gab, steht einigermaßen fest. Allerdings dürften die Römer ihre Straße nicht im Bereich des heutigen Pötschenpasses gebaut haben, sondern über Altaussee und weiter am Fuße des Sandlings Richtung Lauffen; viele römische Fundstellen liegen auf dieser Linie. Der alten Handelsstraße folgte dann vermutlich auch jener Saumweg für den Salztransport, der im 14. Jahrhundert von Aussee über Obertressen, Altaussee und Pflindsberg nach Lauffen führte. Von dort aus wurde das Salz auf Traunschiffen weiterbefördert. Der Weg nach Mitterndorf und ins Ennstal lief über den Radlingpaß. Alles in allem steuerten diese Wege in bemerkenswerter Geradlinigkeit ihre Ziele an: Statt mit den Trauntälern Hindernisse zu umgehen, nahmen sie beträchtliche Höhenunterschiede in Kauf. Steigungen spielten keine allzu große Rolle, denn Mensch und Tragtier waren in dieser unebenen Gegend gleichermaßen zäh wie bergerprobt.

Seit der Mensch Räder bekommen hat, setzt er sich über Distanzen mehr oder weniger gedankenlos hinweg und verzichtet fahrend darauf, sie zu erfahren. Oder besagter Mensch, nachdenklich geworden, beschließt ja doch, dem Ausseerland und seinen uralten Handelswegen Schritt für Schritt näherzutreten. Eines der Ziele, Burg Pflindsberg, ist heute eine friedliche Ansammlung alter Mauerreste, ein kaum noch spürbarer Widerhall vergangener Macht. Noch sind die Umrisse des Burghofes zu erkennen, und wer sich heutzutage die Herrschaft über Pflindsberg leichthin erwandert, freut sich auf einer waldigen Erhöhung, die nichts Drohendes hat, über den schönen Blick auf den Altausseer See.

Im 13. Jahrhundert, als Pferdeführer mit ihren Tragtieren auf Saumpfaden unterwegs waren, als Salz Reichtum und politische Macht bedeutete, ließ ein recht seltsamer Erzbischof die Feste Pflindsberg erbauen: Der streitbare Philipp von Sponheim war zwar zum Bischof erwählt worden, weigerte sich aber beharrlich, geistliche Weihen zu empfangen. Sein raffgieriges Wesen und ein recht lokkerer Lebenswandel ließen auch nicht allzuviel christliche Demut erkennen. Jedenfalls gelüstete es den Sponheimer nach Salz, und so ließ er kurzerhand das ganze Ennstal und Aussee besetzen. Dem steirischen Reimchro-

nisten Ottokar sträubte sich förmlich die Feder, als er tadelnd anmerkte: „Man sah ihn Wunder treiben/Dieweil das Land war herrenlos." Aber an Herren gab es dort, wo Salz zu holen war, noch nie Mangel.
An die vier Jahre tat sich der unheilige Erzbischof am weißen Gold gütlich, dann kam das Ausseerland mit dem Ennstal gar unter ungarische Herrschaft und war wenig später böhmisch. Nach König Ottokars Glück und seinem für die Habsburger so überaus erfreulichen Ende bekam Albrecht I. das Ennstal zu Lehen und ging ohne Umschweife daran, sich Feinde zu machen. Natürlich ging es wieder um Salz. Der Herzog ließ die Sudpfannen dampfen, daß es eine Freude war, und den Erzbischof von Salzburg wissen, daß er auf dessen Salz aus Hallein nur allzu gerne verzichte. Der Kirchenfürst grollte, der Salzkrieg tobte, Albrecht verlor ein Auge und seine blühende Gesichtsfarbe, doch am Ende gab es Frieden. Albrecht verzichtete darauf, in Gosau Salz zu sieden und konzentrierte sich auf die Ausseer Saline. Am Zusammenfluß von Altausseer Traun und Grundlseer Traun wurden neue Pfannen errichtet, und von da an galt Aussee auch nicht mehr als Dorf, sondern war ein Markt.
Pflindsberg diente über Jahrhunderte als Herrschaftssitz, als Wohnung des Salzbergmeisters – und als Gefängnis, wie zum Beispiel ein Urbar aus dem 15. Jahrhundert festhält: „Item, wenn auch etwas verhandelt oder gesprochen wurde an dem Hallamt zu Aussee, so mögen die Verweser die selben Täter in den Turm zu Pflindsberg schaffen." Erst 1749, als die Herren Salzverweser längst anderswo und bequemer residierten, übernahm der Staat das damals schon recht desolate Schloß in seine Verwaltung, und weil das einschichtige Gemäuer nicht mehr recht in ein zunehmend rationalisiertes Sy-

stem der Salzgewinnung paßte, ließ man den Zahn der Zeit ungehindert am alten Gemäuer nagen. So blieben von der steinernen Drohgebärde eines liederlichen Erzbischofs bloß ein paar Mauerreste. Ein schöner Weg führt von hier aus zum Trattenbach-Wasserfall, ein anderer durch die Klamm nach Lupitsch und damit zu einem Verkehrsweg unserer Zeit: der Straße über den Pötschenpaß.

Auch die alte Salzstraße von Aussee nach Mitterndorf und weiter ins Ennstal verschmähte den nur scheinbar bequemen Weg durch das Tal der Ödenseer Traun, das damals eine wilde, düstere Waldlandschaft war, und kletterte mit engen Kehren und erstaunlicher Steigung, von der Ausseer Pfarrkirche St. Paul ausgehend, zum Radlingpaß hoch. Eine Handelsstraße, die auf sich hält, braucht natürlich auch etwas, das wir heutzutage Infrastruktur nennen würden: Einrichtungen zum Nutzen und Frommen der Reisenden – oder auch zu ihrem Mißvergnügen. So mußten alle Salzfuhrleute erst einmal an der Mautbrücke, die sich noch heute über die Grundlseer Traun spannt, für ihre Ladung die entsprechenden Abgaben entrichten. Gleich um die nächste Ecke, am heutigen Meranplatz, ging ein Huf- und Wagenschmied seinem feurigen Gewerbe nach. Noch in den siebziger Jahren unseres Jahrhunderts stoben die Funken in seiner rußigen Werkstatt. Doch die Welt geriet auch in Aussee immer nachdrücklicher unter die Autoräder, und die brauchten keine Hufeisen. Immerhin: das Gebäude der alten Schmiede steht noch, und erst im Erscheinungsjahr dieses Buches, 1992, ist der letzte Ausseer Schmied im Alter von 87 Jahren gestorben. Es tut gut, im Schatten des vorspringenden Daches der alten Schmiede ein wenig von endgültig vergangenen Zeiten zu träumen, Zeiten, in

Am Anfang stand die Willkür eines unfrommen Erzbischofs, am Ende steht fast nichts mehr: Ein paar müde Mauerreste erinnern an Burg Pflindsberg.

denen die Pferdekräfte Heu statt Benzin fraßen und keine Schadstoffe hinterließen, sondern Roßäpfel.
Ein paar Meter weiter erinnert breit, behäbig und wehrhaft das Gasthaus zur Blauen Traube an jene nahrhaften

Jahre, als über zwanzig Wirtshäuser den Hunger und vor allem Durst der zahlreichen Salzfuhrleute stillten. Das wuchtige Haus in der Kirchengasse, eines der ältesten im Ort, mag ursprünglich allerdings eher ungastlichen Zwecken gedient haben. Eine zeitgenössische Beschreibung stellt beeindruckt fest: „Vom Boden war es bis zu höchst unter dem Dach allenthalben wehrhaft ausgestattet, mit so vielen Stidlen, Ganngen, Schußlucken und durchaus mit Eisentüren und seitlichen Ausgängen versehen und zur Gegenwehr mit Armbrusten und einer großen Anzahl Pfeile und anderen Waffen reichlich versorgt." Edelleute, Hallamtsgegenschreiber und reiche Bürger konnten sich darin sicher und geborgen fühlen. Wer heute als Gast in die dämmrige Stille zwischen mächtigen Mauern tritt, verläßt die vorlaute Gegenwart, und es braucht nur ein wenig Phantasie für eine kleine Zeitreise in die Welt der Salzfuhrleute: erfahrene Frächter, die sich mit Pferden auskannten wie niemand sonst, und obendrein tüchtige Kaufleute mit sorgsam gepflegten Geschäftsverbindungen. In Aussee kauften sie gegen Bargeld Salz; die „Fasser" holten es aus dem Magazin, verstauten die Stöcke fachgerecht auf den Wagen und deckten die empfindliche Fracht mit Stroh und Planen ab. Nach der „Blauen Traube" ging es gleich einmal steil bergauf, da brauchte man Vorspannpferde, die dann beim Galln-Wirtshaus, dem heutigen Almwirt, ausgespannt werden konnten – und gegen den Durst ließ sich dort auch etwas unternehmen. Vorher noch, nach der ärgsten Steigung, gab es Gelegenheit zur seelischen Labung: Seit dem Beginn des 15. Jahrhunderts steht die Leonhard-Kirche, die Kirche der Salzfuhrleute, auf ihrem freundlichen Hügel, weitab vom Markt und doch von zentraler Bedeutung. Die vorbeiziehenden Kaufleute waren nicht eben arm, und ihre Spenden machten das Filialkirchlein im Laufe der Jahrhunderte zur reichsten Kirche des Ausseerlandes, die es sich Ende des 19. Jahrhunderts leisten konnte, einen guten Teil der Restaurierungskosten für die Ausseer Pfarrkirche zu übernehmen. Heutzutage liegen die Verhältnisse eher umgekehrt. Autofahrer haben zwar im Vergleich zu Salzfuhrleuten viel mehr Pferdestärken zur Verfügung, aber viel weniger Kraft für dankbare Frömmigkeit.

DIE ALLERPRIVATESTE K.K. SALZSCHATULLE

Viele Entwicklungen sind im Ausseerland noch heute durch die Tatsache geadelt, daß sie sich vom Stillstand nur unmerklich unterscheiden. Die hohe Kunst, sich mit bedächtiger Behutsamkeit durch die Zeit zu bewegen, wurde hierzulande eben durch Jahrhunderte geübt und verfeinert. Wer einen Hauch davon verspüren will, begibt sich einfach gemessenen Schritts auf die „Beletage" von Aussee, den Oberen Platz, und verharrt vor den wuchtigen Mauern des uralten Kammerhofes.

Die Voraussetzungen, daß sich überhaupt ein Oberer und ein Unterer Platz entwickeln konnten, wurden in der letzten Eiszeit geschaffen, als Gletscherzungen breite Täler aushobelten, in deren Sohlen sich dann die Traun einschnitt. So entstanden Geländestufen und infolgedessen die treffliche Ordnung, daß die Herren Salzverweser im Kammerhof über dem Kopf des jeweiligen Bürgermeisters logierten, dessen Rathaus ein Stockwerk tiefer stand. Auf dem Oberen Platz, der lange den stolzen Namen Hofplatz trug, hatten die hohen Salzbeamten das Sagen, deutlich tiefer waren die Bürger unter sich, während die Salinenarbeiter, die Pfannhauser, in der Nähe der Sudhäuser oder ein gutes Stück außerhalb des Ortes ihre bescheidenen Häuser hatten. Sollte es einem Bürger gelingen, in der elitären Gesellschaft des Hofplatzes seßhaft zu werden, mußte er schon einen ziemlich unwider-

Der Kammerhof, Jahrhunderte alt, steht fremd im Licht der Gegenwart. Seine Zeit mündet ins Museum.

stehlichen Beruf, verbunden mit einem beträchtlichen Einkommen, vorweisen, wie etwa jener Adam Neuper, der Ende des 18. Jahrhunderts das alte Brauhaus auf dem Hofplatz übernahm und eine glänzende Braudynastie begründete. Zur Brauerei kamen ein ausgedehntes Landgut in Obertressen und ein Vergnügungspark, der Neuper-Prater am Traunufer, unterhalb der heutigen Bahnhofpromenade. Dort ist noch immer das große Tor zu sehen,

Die Herren Salzverweser hatten Mitregenten: die „Bierkönige" der Neuper-„Dynasty", und die hatten sich über Mangel an Gefolgschaft nie zu beklagen.

das in den Neuper-Keller führt: eine Unterwelt von geradezu erschreckenden Ausmaßen. Daß die Familie Neuper letztlich, aller Besitztümer ledig, in Armut verging, mindert ihren Ruhm nicht im geringsten: Ein stilvoller Untergang nötigt den Ausseern seit jeher höchsten Respekt ab. Noch heute gehört das alte Neuper-Haus, längst auch zum Wirtshaus geworden, einer Brauerei. Aber die trägt sich doch glatt mit dem schnöden Gedanken, zu verkaufen und die süffige Tradition berechnender Willkür auszusetzen. Natürlich sind die Verantwortlichen keine Ausseer, sondern irgendwelche Ausländer, aus dem fernen Graz oder so . . .

Genug des Bieres, zurück zum Salz: Den Kammerhof gibt es seit dem 14. Jahrhundert, das turmbewehrte Hoferhaus, gleich nebenan, ist nicht viel jünger und trägt Reste jener gotischen Fresken, mit denen der Salzverweser Christoph Praunfalk seinen Besitz schmückte. Nicht viel mehr als lächerliche hundert Jahre ist es her, da stand den beiden herrschaftlichen Häusern ein nicht minder eindrucksvolles, doch von trivialer Nutzanwendung geprägtes Gebäude gegenüber, der alte Hofkasten, in dem von der Salinenverwaltung angekauftes Getreide gelagert wurde, das die Salzfuhrleute als Gegenladung transportierten. Bis ins 19. Jahrhundert bekamen nämlich die Salinenarbeiter kaum bares Geld in die Hand, sondern wurden in Naturalien entlohnt: Zum Getreide, dem sogenannten Hofkorn, gab es noch einen Batzen Schweineschmalz. Das war herzlich wenig. Des öfteren sahen sich „Euer Königlichen Majestät arme Arbeiter" gezwungen, Bittschriften wie jene vom Dezember 1497 zu verfassen, deren erster Satz auch gleich dokumentiert, wie lange es braucht, bis sich hierzulande Ungeduld regt: „Unser, der Bergleut, Pfannhauser und Holzleut Lohn ist wie vor hundert Jahren klein . . ." Der Salzhandel lief damals nicht so recht. Die Halleiner pfuschten wieder einmal in Kärnten ins Geschäft, und das Salzamt reagierte mit Kurzarbeit. „Dazu feiert man alle Jahre mit beiden Pfannen so drei Wochen. In derselben Feier haben wir Arbeiter im Pfannhaus keinen Lohn, noch jemand weder Lehen, Hilf oder Beistand." In solchen Fällen blieben nur noch die sehr bescheidenen Erträge aus einem landwirtschaftlichen Nebenerwerb und das traditionell verbriefte Recht der freien Jagd und Fischerei; doch gerade dieses drohte entzogen zu werden.

Kaiser Maximilian reagierte mit unösterreichischer Schnelligkeit, allerdings in einer dem erfahrenen Staatsbürger bis heute vertrauten Weise: Er rief eine Kommission ins Leben. „Die Räte . . . sollen die Bittschrift der

Salzarbeiter von Aussee daselbst genau erwägen, berichten und Vorschläge machen." Dazu sollte der Hallamtsverweser, der schon die Fischerei am Grundlsee gepachtet hatte, noch den Altausseer See in kaiserliche Obhut bringen. Dieses Unterfangen prallte allerdings am spezifisch altausseerischen Beharrungsvermögen ab, einem geradezu genüßlichen Desinteresse an obrigkeitlichen Verfügungen. Damit war für die nächsten Jahrhunderte bis in die Gegenwart alles klar: Am Grundlsee ließ der Kaiser seine Netze auswerfen, und heute tun es, kaum weniger hoheitsvoll, die Bundesforste: Die Fische aus dem Altausseer See hingegen sind immer noch Privatsache.

Wer nun meint, wenigstens die löbliche Einrichtung einer Badeanstalt wäre doch auch im Ausseerland eine eher neumodische Angelegenheit, der sei auf das Jahr 1501 verwiesen, in dem eine längst bestehende „Fronbadestube" erstmals urkundlich genannt wird. Die Herren vom Salzamt waren offensichtlich der Überzeugung, daß ein ebenso sauberer wie gesunder Pfannhauser die allgemeine Produktivität nur steigern könne. Auch die Vorgänger späterer Kurärzte, die Bader, waren im Fronbad am Werk, allerdings mit recht eigentümlichen Medikamenten. Besonders beliebt war die „Gamskugel", ein knollenartiges Gebilde aus unverdauten Pflanzenresten, wie man es manchmal im Magen älterer Gemsen findet. Schon ihre zeitgenössische Beschreibung ist therapeutisch wirksam: „Manche sind weich und leicht, rund, auch länglich, dagegen andere härter und schwerer . . . andere wie höltzern: ihre Größe ist wie ein Taubeney, Castanie oder welsche Nuß, die Schalen gemeiniglich wachsgelb mit vielen Düpflein übersät." Wer solches tapfer schluckte, war dann aber auch gefeit vor „Pest, Ungarischer Kranck-

Eis und Wasser modellierten das Ausseerland, Flüßchen und Seen beleben es. Das kühle Naß auch therapeutisch anzuwenden lag zwingend nahe.

heit, schwerer Not, Melancholie, Herzzittern, Gift und aller Zauberey". Weitaus nobler nimmt sich dagegen die „edle Cordialkugel" aus, durch deren Rezeptur ein Hauch Alchemie weht: „Hyazint, Saphir, Rubin, Perl, von diesen je ein quintl, Smaragd, Pezoar, jedes ein Loth, Preparirte Roth und weiße Corallen, jedes 2 Quintl, Ambra 1/2 Quintl, Goldblattl No.19."

Später wurden aus den Badern richtige Ärzte und aus den Gamskugeln kaum weniger verdächtige Pillen. Ende des 19. Jahrhunderts heiratete dann die Tochter eines k.k. Salinenwundarztes, die damals das Baderecht ausübte, den Wundarzt und Magistratschirurgen Franz Vitzthum. Diese eindrucksvolle Zusammenballung medizinischer Kompetenz ließ aus dem alten Fronbad eine recht noble Badeanstalt werden, mit sechzehn Wannen, acht

Als das Salzkammergut zum Kurkammergut wurde: Die noble Badeanstalt Vitzthum entstand aus einem alten Fronbad der Saline.

davon aus Porzellan, in denen so geheimnisvolle Ingredienzien wie „Wundersalz" und „Sulzenspat" ihre Wirkung taten.

1914 wurde den Ausseern und ihren Gästen die Badelust durch den Krieg gründlich verleidet. Die Familie Hollwöger prägte später die Geschicke des alten Gemäuers; allen voran der treffliche Schuldirektor Franz Hollwöger, ein Heimatforscher und Buchautor von besonderem Rang. Heute leuchten Ausseer Trachten aus den Schaufenstern des Hauses neben der Konditorei Lewandofsky, und auch ein Kurarzt ordiniert in der ehemaligen Badeanstalt – womit endlich fast alles wieder beim alten wäre.

Natürlich hat auch die Sperrstunde in den Ausseer Gaststätten eine ähnlich eindrucksvolle Tradition, sodaß es noch heutzutage Ausseer Wirte geben soll, die Öffnungszeiten als rare und irgendwie beunruhigende Ausnahmen vom geschlossenen Normalzustand betrachten. Jedenfalls ließ 1734 der Gemeinderat durch Trommelschlag einen energischen Erlaß kundmachen, um das Tanzen und Saufen, das Spielen und Fluchen fürderhin einzudämmen. Außerdem gehe es nicht an, daß „die Menscher denen Buben in die Wirtshäuser nachlaufen“. Also hatten nur noch erlaubte Lustbarkeiten stattzufinden, und die mußten im Sommer nach dem Gebetläuten und im Winter spätestens um zehn Uhr beendet sein. Die Strafandrohungen waren von eindrucksvoller Konsequenz: „Welches Mensch aber nach vollbrachtem Zapfenstreich ertappt würde, dem werden vom Gerichtsdiener und der verdoppelten Viertelwacht die Hauben, Fürtücher und Unterröcke abgenommen.“ Nicht auszudenken, welch Sündenpfuhl aus dem Ausseerland ohne diese Verordnung geworden wäre.

Wie auch immer: Über Jahrhunderte hinweg wußte man im inneren Salzkammergut verläßlich, woran man war: Bergmeister und Salzverweser, Bürgermeister und Pfarrer saßen auf ihren Pfründen, gerieten einander zwischendurch in die Haare, aber letztlich hatte doch alles seine Ordnung. Knappen, Holzknechte und Pfannhauser, Handwerker und Kaufleute, Wirte und Salzfuhrwerker waren in ein wirtschaftliches und soziales Gefüge eingebettet, das zwar hin und wieder Grund zur Klage, aber keinen Anlaß für radikale Veränderungen bot.

In Aussee saßen schon die ersten Kurgäste in den Wannen, als auf dem Oberen Platz, der nunmehr nach einem k.k. Handelsminister Chlumeckyplatz hieß, immer noch der alte Hofkasten stand. Erst als die Naturalentlohnung eingestellt wurde, verlor das Gemäuer seinen Zweck; die Pfannhauser gründeten 1868 den Konsumverein, um sich künftig selbst zu versorgen. Aber der Kaiser war immer noch alt und gut, und am 17. August kam er sogar von

Salinenarbeiter bauten mit wohl oder übel vereinten Kräften Triumphbögen für den Kaiser, den guten, alten, aber mit der Untertänigkeit war's vorbei.

Ischl herüber. Ein paar Jahre zuvor war es im Ausseerland, wo es Parteipolitik eigentlich nie gegeben hatte, zur Gründung einer Ortsgruppe der sozialdemokratischen Arbeiterpartei gekommen. „Einigkeit macht stark" lautete ihre Devise, doch als der Kaiser huldvoll nahte, errichteten die Bauhandwerker der Saline leise murrend Triumphbögen, auf denen „Viribus unitis" geschrieben stand. Den Kaiser gibt es nicht mehr, Parteien sehr wohl, doch mit der stärkenden Einigkeit hält man es wie eh und je: Die Sprachregelung ist oft konträr, doch im Grunde genommen meinen alle das gleiche . . .

Latein war für das neue, sozialdemokratische Selbstbewußtsein nicht mehr vonnöten. Jetzt galt für jeden, daß es gemeinsam besser geht.

ALTAUSSEE UND „NEUAUSSEE“

Auch Altaussee war einmal neu. Dort dampften die ersten Sudpfannen des Ausseerlandes im Dienste des steirischen Stiftes Rein. Einst trug diese Gegend die Bezeichnung „Ahorn“, dann „Awsse interior“ – also „Inneres Aussee“. Erst als die Wälder am Fuße des Sandlings gründlich abgeholzt waren und überdies Herzog Albrecht energisch daranging, seinen Rivalen das Dasein zu versalzen, wurden im Tal, dort, wo die beiden Traunflüsse Holz herbeischaffen konnten, Salinen gebaut. Entlang der alten Salzstraße und rund um die schon bestehende Kirche St. Paul entstand somit Ende des 13. Jahrhunderts der Markt Aussee, und das „Innere Aussee“ wurde zu Altaussee.

Damit war auch für die nächsten paar Jahrhunderte die Beziehung der beiden Orte zueinander geklärt: In Altaussee waren die Bergherren und die Knappen zu Hause, in Bad Aussee die Salzbeamten und die Salinenarbeiter, die Pfannhauser. Man brauchte und achtete einander, pflegte die gar nicht so kleinen Unterschiede und hielt trotz guter Nachbarschaft auf Distanz.

Das Land um den Grundlsee lag indes ein wenig abseits vom belebenden Strom der Sole. Die dortigen Bauern, Fischer und Holzarbeiter hatten zwar auch ihren Anteil am wirtschaftlichen Aufstieg des Ausseerlandes, aber sie kamen eben doch aus einer sehr einschichtigen Gegend, in der man als traditionsbewußter Altausseer oder neureicher Markt-Ausseer die possierlichsten Seltsamkeiten vermuten durfte. So wurde feixend vom Versuch der Grundlseer gemunkelt, die Sonne einzuzäunen oder einen Fisch das Singen zu lehren, indem man das bedauernswerte Tier in einen Vogelkäfig steckte. Den Ausseer Lästermäulern entging bei diesen Erzählungen allerdings deren freundliche Poesie, die eine allzu tüchtige Leistungsgesellschaft nicht kennt, und jene zauberhafte Unschuld, die sich auch in der Landschaft rund um den heiteren See fortsetzt.

Bliebe noch Lupitsch, jene kleine Siedlung zwischen Sandling und Pötschenstraße, die dereinst auch Standort einer Sudpfanne war. Zwischen Altaussee und Lupitsch gibt es den „Waukerlsteig“; aus den „Waukerln“, einem knorrigen, zwergenhaften Hirtenvolk, auch in der finsteren Profession des Wilderns nicht ungeübt, seien die Lupitscher hervorgegangen – das behaupten zumindest die Altausseer. Die Lupitscher ihrerseits rächten sich für derlei Unterstellungen mit einem nach ihnen benannten heißen Getränk, in dem ganz bestimmt sehr viel Rum und möglicherweise auch der eine oder andere Tropfen Wasser enthalten ist. Lupitscher genießen den Lupitscher ohne erkennbare Nebenwirkungen; alle anderen zeigen die unterhaltsamsten Erscheinungsformen geistigen Verfalls und seelischer Zerrüttung, bevor sie wohltätige Ohnmacht umfängt.

Der Markt Aussee wuchs rasch zum Mittelpunkt des Ausseerlandes heran. Holzfeuer loderten unter den Salzpfannen, Mühlräder drehten sich am Traunufer, ein Hammerwerk dröhnte, und an der Mautbrücke bat der Mautner die Salzfuhrleute zur Kasse. Es konnte nicht ausbleiben, daß sich die Ausseer Salzsieder mehr und mehr ihrer Bedeutung bewußt wurden und ihr eigentlich unbezahlbares Können und Fachwissen gewürdigt sehen wollten. Sie hatten die Salzproduktion im Griff, sie waren die eigentlichen Betreiber der Saline und nicht irgendwelche gekrönten Häupter hinter den sieben Bergen. Auch ärgerten sie sich, unternehmerisch denkend, über Stift Rein, das noch immer beachtliche Mengen Salz bekam, ohne dafür eine nennenswerte, mit irdischen Maßstäben meßbare Leistung zu erbringen. Die Salinenarbeiter wachten jedenfalls eifersüchtig darüber, daß sich keine Fremden in ihre dicht geschlossenen Reihen drängten, und bald wurde die Arbeit in der Saline zum erblichen Gewohnheitsrecht. Schon 1334 hatten vierundzwanzig Ausseer, die man „Hallinger" nannte, ihren Beruf als Lehen inne, und ganz ohne Quotenregelung waren sogar drei Frauen darunter. Viele Hallinger machten sich schon längst nicht mehr die Hände salzig; das besorgten Lohnarbeiter in ihren Diensten. Die Hallinger hatten genug damit zu tun, ihre Rechte und Privilegien auszuweiten und über die Saline hinaus Einfluß zu gewinnen. Ob Waldwirtschaft, Soleerzeugung oder Salztransport: die Hallinger griffen unauffällig, doch mit Nachdruck zu und ließen nichts mehr aus den Händen. Das konsequente Ziel ihrer Unternehmungen war eine Saline im genossenschaftlichen Eigentum. Ein paar Krümel Salz für die Landesfürsten würden dabei vielleicht auch noch abfallen.

So weit ließ es der Hof in Graz allerdings nicht kommen. Die vierundzwanzig Salzherren von eigenen Gnaden und beiderlei Geschlechts duckten sich verdutzt unter einem herzoglichen Strafgewitter und zogen, einen wirklich beschämenden Vertrag in Händen, wieder heimwärts. Nach dem ersten Schrecken, nunmehr unter der wachsamen Aufsicht eines beamteten Pflegers, sahen die Hallinger allerdings ihre Zukunft nicht mehr ganz so düster: Immerhin waren sie nun als Genossenschaft anerkannt und erhielten als Entlohnung einen beachtlichen Teil des landesfürstlichen Salzes – etwa zehn Prozent der erzeugten Menge. Damit trieben sie Handel, wurden rasch wohlhabend und sogar wieder hoffähig. Mehrmals erhielten die Hallinger die Saline zur Pacht und konnten den Unternehmergewinn einstreichen. Sogar für gottgefällige Investitionen blieben Mittel übrig: Ein Hallinger widmete sein ganzes Hab und Gut dem Bau von Spital und Spitalskirche, andere unterstützten diese löbliche Einrichtung mit Stiftungen.

In der ersten Hälfte des 15. Jahrhunderts erreichte die Macht der Hallinger ihren Höhepunkt. Nachdem einige von ihnen als Hofschreiber und Richter bedeutende Ämter bekleidet hatten, wurde 1422 der erste Hallinger als Salzverweser zum höchsten Salinenbeamten berufen, und keiner fand etwas dabei, wenn nun auch Nachfahren ehrgeiziger Salinenarbeiter in den Adelsstand erhoben wurden. 1442 kündigte sich allerdings ein Besuch im Ausseerland an, der den Hallingern nur vordergründig zur Ehre gereichen sollte: Auf dem Weg von Graz nach Aachen, zur Kaiserkrönung, stieg Friedrich III. ausgerechnet zur Faschingszeit in Aussee von seinem Schlitten, nächtigte im Kammerhof und träumte begehrlich. Als er dann gegen Ungarn ins Feld zog und Geld brauchte, schröpfte er die reichen Hallinger gewaltig, und wenig später zwang er einen nach dem anderen, Güter und Ämter freiwillig und wohlfeil an ihn zu verkaufen. Die Genossenschaft der Hallinger wurde aufgelöst, doch der Kaiser war Österreicher genug, um die nunmehr Entmachteten mit glänzenden und ausreichend dotierten Ämtern zu trösten. Auch eine versöhnliche Geste himmelwärts wollte er nicht versäumen und stiftete den gotischen Flügelaltar der Spitalskirche. Dabei vergaß Friedrich keineswegs, weiterhin hurtig zu kaufen und gemächlich zu bezahlen, bis er die Ausseer Salzproduktion zur Gänze der kaiserlichen Kammer einverleibt hatte.

Nach diesem in gewissem Sinne konstruktiven Tun ging der Kaiser allerdings daran, seine Saline nach Kräften auszubeuten, ohne auch nur im geringsten zum Ausbau des Unternehmens beizutragen. 1492 verpachtete er sogar das gesamte Kammergut an seinen Hofmarschall. Ein Jahr später aß der greise Monarch eines Tages acht Melonen, trank Wasser darauf – und starb. Die Ausseer frohlockten mit Recht: Unter Maximilian I. sollte alles besser werden. Er zog das Kammergut energisch an sich, verbesserte den Bergbaubetrieb, schuf eine neue Hallamtsordnung, modernisierte die Forstwirtschaft und setzte mit Hans Herzheimer einen Verweser ein, der Ausseer Geschichte schrieb. Herzheimer galt trotz seiner Querelen mit Räten und Richtern des Marktes als gerechter Herr und aufrichtiger Verwalter. Gleichzeitig begründete er die noch heute lebendige Tradition jener Nicht-Ausseer, die mehr oder weniger zufällig ins Land kommen, hohe Ämter innehaben, Besitz erwerben und irgendwann wieder des Weges ziehen, ohne je richtig heimisch geworden zu sein. Außerdem vereinigte er Draufgängertum und Rechtschaffenheit, Todessehnsucht und Lebenslust, Machthunger und Frömmigkeit auf jene ebenso theatralische wie selbstverständliche Weise, die im Ausseerland seit jeher zum guten Stil gehört. Selbstdarsteller dieser Art gab es in den folgenden Jahrhunderten immer wieder

Rechts: Hans Herzheimer, der Träumer unter den Salzherren, trägt seine Rüstung nur so nebenbei; ihn wappnet die Kraft sentimentaler Poesie.

zu bewundern, und wer sich in der Gegenwart umschaut, bekommt erst recht so manche schillernde Persönlichkeit zu sehen, die zwar keine Wurzeln im heimischen Boden hat, aber gerade hier die erstaunlichsten Blüten hervorbringt.
Hans Herzheimer jedenfalls hatte seine ehrsame Beamtenlaufbahn als Haudegen begonnen. Er war in Bayern zur Welt gekommen, hatte in Wien die Wissenschaften und in Landshut das Militärhandwerk studiert. All das war mit dem 15. Lebensjahr erledigt, und der kriegerische Knabe trat in die Dienste des Königs Wladislav von Böhmen und Ungarn. Ein paar Heldentaten später wurde er zum Ritter geschlagen, fand diese Ehre aber irgendwie verfrüht und gönnte sich in Bayern erst einmal sieben friedliche Jahre als herzoglicher Küchenmeister, Schenk und Futtermeister. Dann gelüstete ihn wieder nach Waffenlärm, er schlug sich auf die Seite der Österreicher, kämpfte für Friedrich III. und Maximilian I., und als er 1493 in Laibach sogar siegreich gegen die Türken zog, die drohten, ihren christlichen Gefangenen die Nasen abzuschneiden, war er reif für den zweiten Ritterschlag: diesen Adel trug er auch forthin.
Kaum hatte er sein ziviles Amt in Aussee angetreten, regte sich eine andere Seite seines vielschichtigen Wesens, und er begann mit düsterem Eifer, zahlreiche Grabmonumente zu errichten, erst für sich, später für seine drei Frauen, neun Söhne und vier Töchter. Dabei erwies er sich als versierter Verfasser feierlich-sentimentaler Inschriften. Jene, die er in edlem Latein seiner verstorbenen Gattin Ehrentrudis widmete, lautet übersetzt: „Du, welcher diese Verse liest auf dem schweigenden Marmor, verscheuche nicht mit deiner Stimme den süßen Frieden des Schlafes. Nicht tot ist Ehrentrudis, die unter diesem

Grabstein ruht. Sie schlummert nur, erschöpft von der Mühe der langen Pilgerreise. Nicht stirbt die ehrwürdige Herrin des Hauses, die die Ehre des Ehebettes behütet und nichts tut, was den Stachel des Todes verdient hätte."

In eigener Sache war Herzheimer des ewigen Lebens nicht ganz so sicher. In der Familienchronik formulierte er vorausblickend einen letzten Rückblick: „Seht ihr edlen Bürger, hier liege ich hingestreckt. Ich Johannes, einst umschmeichelt am Hofe Kaiser Friedrichs und auch des Königs Maximilian. Nun hat der letzte Tag mit einem Male hinweggerafft, was mir der erste gebracht. Was vermag edle Geburt? Die Ahnen können das Leben nicht zurückbringen! Nun gehe ich einsam, ich Armer! – Du aber gütiger Vater, nimm mich gnädig auf!"

Einmal abgesehen von seinen jenseitigen Vorlieben war Herzheimer im diesseitigen Leben von vitaler Tüchtigkeit und unermüdlichem Fleiß. Rastlos vermehrte er seinen Besitz und vergaß dabei nicht, an die Zukunft seiner Kinder zu denken. Die beiden ältesten Söhne ließ er an den Universitäten von Ingolstadt und Wittenberg studieren, wo ein gewisser Dr. Martin Luther lehrte. Herzheimer lernte ihn sogar persönlich kennen und war sehr beeindruckt von dem berühmten Gottesmann. Die Wirren der Reformation blieben dem ritterlichen Salzherrn aber weitgehend erspart; er blieb katholisch und kaisertreu. Als Maximilian I. starb, legte Herzheimer sein Verweseramt zurück und verließ das Ausseerland. Doch er hinterließ, wie es nun einmal seine Art war, Grabdenkmäler: Im festen Harnisch, das lockenumwallte Haupt unbehelmt, schaut er stolz und freundlich von seiner Gruftplatte, die links vom Haupteingang der Ausseer Pfarrkirche die Wand schmückt. Rechts vom Kirchentor ist der Grabstein von Ehrentrudis zu finden, der nur deshalb so gut erhalten ist, weil er lange Zeit mit der glatten Fläche nach oben als Pflasterstein Verwendung fand. Es liegt auch im Ausseerland manchmal ein tiefer Sinn darin, wenn Dinge verkehrt liegen.

RÄUBER, EHEBRECHER UND ZAUBERER

Nach all der Ehrenhaftigkeit sei ein Blick in die Abgründe sittlicher Verderbnis und verruchter Frevelei gestattet. Ein dauerhaftes und stabiles Sozialgefüge sorgte zwar im Ausseerland für geordnete Verhältnisse, doch kriegerische Wirren und Zeiten wirtschaftlicher Not legten ihre Schatten immer wieder auch auf das Salzkammergut. Ganz abgesehen davon wachsen böse Taten ja nicht nur aus der Bedrängnis.

Zu Zeiten Herzheimers mußten sich die Ausseer sogar vor einer ganzen Mörderbande fürchten. Hois Gryl war ihr grausiger Exponent, der im Laufe seiner finsteren Karriere fast vierzig Leute um sich scharte. Er selbst und viele seiner Kumpane waren so etwas wie Nebenerwerbsverbrecher: Die warme Jahreszeit über werkten sie als Kleinbauern; war dann die Ernte eingebracht, ging es ans Rauben und Morden. Natürlich stürzten sich nicht alle vierzig Spießgesellen auf reisende Kaufleute, Pilger oder andere Fremde, deren Verschwinden kaum auffiel; die Horde operierte in kleinen Gruppen, die rasch zuschlugen und sich dann in ihre Verstecke zurückzogen. Gryl bekam jeweils seinen Anteil an der Beute, es sei denn, die Gefährten wurden ihm untreu, wie etwa geschehen, als sie den schändlichen Erlös eines Raubmordes mit sittlich nicht besonders hochstehenden Frauen in Grimming verjubelten.

In Aussee ereilte den mörderischen Gryl ein mörderisches Schicksal. Im Markt, vermutlich im Kammerhof, wurde eine „Urgicht", also ein Verhör, erst einmal gütlich begonnen. Der grimme Gryl schwieg beharrlich, also setzte sich das Gericht nach Altaussee in Bewegung, zur Feste Pflindsberg, und jedermann wußte, was das zu bedeuten hatte: die „peinliche Befragung", also Folter. Für die fachgerechte Marter hatte man einen Spezialisten aus Graz geholt, den „Züchtiger" Meister Hannes. Der spannte den Räuber auf die Streckleiter, und so kam eine erschreckende Fülle finsterer Taten ans Licht, die das Protokoll lapidar wiedergibt: „Die haben einen Eisenhaken. Wenn die Kirchfahrer nächtlich führs Haus gehen, da hakens in das Gewand ein, ziehens zuahi und ermordens. Auf der Pötschen habens zwei ermordet und unter den Weg zogen. Sind Kirchfahrer gewest, die haben 28 Pfund bei ihnen gehabt. Die Mörder sind ihrer sechs gewest. Auf dem Zwieselberg in einer Hüttn da habens geteilt, sind dem Gryl 60 Pfennig gegeben worden. Zu Aussee auf dem Weg in sein (des Gryl) Feld habens einen ermordet und in das Holz zogn . . ." So fügte der geständige Täter Greueltat an Greueltat, und erst als er anfing, sich zu wiederholen, brach Meister Hannes die Folter ab. Das Urteil wurde gesprochen, der Strang geknüpft, und die Geschichte der kleinen Burg Pflindsberg war um ein dunkles Kapitel reicher.
Drei Jahre später gab es wieder eine aufsehenerregende Verhandlung. Diesmal ging es um keine Mörderbande, sondern um einen Meisterdieb, der nicht nur stahl, was ihm unter die Finger geriet – ob Schrauben, Geld, oder Pferde –, sondern auch eine erstaunliche Reiselust an den Tag legte. Dieser Hannß Kursner gab sich nicht mit Nebenerwerbsverbrechen ab, sondern war hauptberuf-

lich in Sachen Raub und Diebstahl unterwegs. Daß er sich nie lange an einem Ort aufhielt, lag in der Natur der Sache, aber seine Reiseroute aus dem Ausseerland nach Oberösterreich, Salzburg, Tirol, Bayern, Schwaben und zurück weist ihn als frühen Vorfahren jener Kriminaltouristen aus, die es heute zwar viel leichter haben, in der Welt herumzukommen, denen andererseits aber auch jedes sportliche Element fehlt.

Für Hannß Kursner jedenfalls ging die Reise im Ausseerland zu Ende. Zweimal wurde er gefoltert und gestand seine Untaten, darunter auch betrübliche Mißerfolge, wie jenen im Pfarrhaus von Goisern, wo er in einer Truhe Silberbecher vermutete, aber nur zwei „pfaitten" (Hemden) fand.

Jedenfalls mußte sich die Justiz in diesen unruhigen Zeiten darauf einstellen, daß Verbrechen und Verbrecher nicht an einen Ort gebunden waren, sondern oft weite Landstriche betrafen; also brauchte man einen entsprechend beweglichen Ordnungshüter, einen unerschrockenen Reiter im Dienste von Recht und Ordnung. Dieses Ausseer Gegenstück zum kanadischen „Mountie" war der „Landprofoß". Er hatte vor allem herrenlose Landsknechte einzufangen, die, weil im Kriegsgeschäft gerade nichts lief, bei den Bauern je nach Laune und Notlage bettelten, stahlen oder raubten. Besagtes Gesindel hatte einen der zähesten und mutigsten Landprofoßen besonders zu fürchten: Jakob Bittner. Er folgte zum Beispiel landauf, landab den unheilvollen Spuren, die der „Windische Gregor" und sein ständig wechselndes Gefolge hinterließen. Durch das Ennstal ging die Jagd bis Klachau und weiter nach Mitterndorf. Endlich stellte der Profoß den grindigen Gauner nebst zwei Kollegen und ließ sie „ernsthaft strafen". Auch von einem betrügerischen Wundarzt, der

den Bauern mit nutzlosen Medikamenten das Geld aus der Tasche lockte, berichtet Bittner: „Der hat sich eine Zeit auch zu Aussee aufgehalten. Da ihm von seinem Diener meine Ankunft verkundschaftet worden ist, hat er sich bei Nacht aus dem Land gemacht. Hält sich gar stattlich, hat vier herrliche Roß am Wagen; ein schön Weib, das er entführt, eine Schnur samt vielen Dukaten mit goldener Kette um den Hals. Was für ein Schaden von solchen Schreiern und Landbetrügern dem Vaterland zusteht, haben Euer Gnaden aus diesem Bericht leicht zu spüren." Weitaus gefährlicher war allerdings Bittners einsamer Feldzug gegen eine vierzigköpfige Bande von ehemaligen Landsknechten aus verschiedenen Ländern, die fischend und jagend durchs Land zogen und auch sonst herzhaft zugriffen.
Gegen solche Umtriebe nehmen sich die sozusagen hausgemachten bösen Taten im Ausseerland recht harmlos aus. Ein zänkischer Schneider, Matthäus Inzinger, wurde verhaftet, auf eine Fürbitte hin freigelassen und gleich wieder vor Gericht gestellt, weil er abermals seinen Nachbarn beschimpft hatte. Er versprach aber, in Zukunft lammfromm zu sein. Weniger glimpflich ging die Sache der Margret Preznerin aus, die es nicht erwarten konnte, daß ihr Mann, ein Lederer, endlich seinen Leiden erlag, noch zu dessen Lebzeiten mit dem Lehrling Kurzweil hatte und „den Mann in seiner Krankheit so höchlich betrübet, daß es nicht eine kleine Ursach gewesen zu Endung seines Lebens". Der Lehrling und seine mütterliche Freundin bereuten ihre Sünden dermaßen eindrucksvoll, daß sie vor die Wahl gestellt wurden, fünfzehn Pfund Strafe zu zahlen oder den Tod zu erleiden. Man darf unterstellen, daß die beiden recht gerne zahlten.
Aber auch der Landprofoß war nicht nur mit reisenden

Betrügern und dem Abschaum des Dreißigjährigen Krieges beschäftigt; er hatte zwischendurch auch recht delikate Aufträge zu erfüllen. Im Zuge der Gegenreformation war in Aussee ein neuer katholischer Pfarrer mit dem elysischen Namen Esaias Haupt eingesetzt worden. Leider erwies sich der Seelenhirte eher als schwarzes Schaf, und der Profoß kam herbei, um wenigstens das Pfarrhaus von zwielichtigen Frauenspersonen zu säubern. Er nahm sich die schöne Margaretha vor, verheiratet mit dem offenbar geduldigen Abraham Kürschner; als aber der Pfarrer von einer Reise zurückkehrte, forderte er höchst ungehalten die weibliche Zierde seines Daseins zurück. Allerdings hatte er in Aussee hohe Schulden gemacht, und so entschloß er sich, dieser unbehaglichen Gegend den Rücken zu kehren und zu fliehen.

Die schönsten Schandtaten sind aber noch immer jene, die keinem wehtun und einen originellen Stich ins Irrationale aufweisen. Aus Augsburg kam anno 1608 ein Arzt angereist, um sich ausgerechnet in Aussee des Vergehens der Schatzgräberei schuldig zu machen. Auf sein Versprechen hin, nie wiederzukommen, ließ man ihn frei. Drei Jahre später wurde ein Mühlknecht wegen Zauberei vor Gericht gestellt. Er hatte den Mesner der Spitalskirche dazu überredet, ein Säckchen, das „Blutkraut" und ein Stück Leinwand mit dem ersten Menstruationsblut einer Jungfrau enthielt, unter das Altartuch zu schieben und drei Messen darüber lesen zu lassen. Der Pfarrer entdeckte rechtzeitig die unheilige Unterschiebung, und der verhinderte Zauberer beeilte sich, gütlich befragt, zu gestehen: Er hatte mit dem seltsamen Säckchen unverwundbar werden wollen. Erleichtert zahlte er drei Taler an die Spitalskirche und wandte sich wieder seiner Arbeit in der Mühle zu. Warum ausgerechnet der Inhaber eines so friedlichen Berufes die dunklen Mächte zum Schutz seines Leibes herbeizurufen versuchte, bleibt ebenso im Dunkel wie die Frage, woher er die Jungfrau nahm . . .

PRAUNFALK UND SO WEITER . . .

Die Bekanntschaft mit dem edlen, aber sparsamen Ritter Christoph von Praunfalk könnte beim Mesnerhaus, dicht an der Ausseer Pfarrkirche, beginnen. Dort ist sein Grabstein zu sehen. Das doch recht abwechslungsreiche Ausseer Wetter hat den Inschriften zugesetzt, und zwei Ekken sind abgeschlagen: So zwischendurch diente das Grabmonument nämlich als Altarplatte, und man brachte den Epitaph wenig zartfühlend in eine passende Form. Unbeeindruckt von solchen Mißlichkeiten schaut Praunfalk, angetan mit einer Turnierrüstung, steinern und streng in eine Welt, die nicht mehr die seine ist; die rechte Hand hält die Fahne, die linke das Schwert. Praunfalk war auch zu seinen Lebzeiten, als Nachfolger Herzheimers zum Salzverweser berufen, ein ungemütlicher Patron. Einerseits reute ihn jedes Kreuzerlein, das seiner und des Kaisers Truhe entging, andererseits war er ein rarer Meister in der Kunst, mit geringstem Aufwand beste Ergebnisse zu erzielen. Heutzutage würde Praunfalk als Rationalisierungsfachmann im Dienste der Gewinnoptimierung in Unternehmerkreisen ebenso geachtet sein, wie er bei den Gewerkschaften verhaßt wäre. Diese moderne Figur im historischen Salzmanagement lieferte auch ein schönes Beispiel für den Umgang eines mächtigen Unternehmers mit Lokalpolitikern: Mit einer neuen Marktverordnung fegte er vom Tisch, was noch aus Hallingerzeiten an Bürgerstolz übrig geblieben war. Selbst-

verwaltung störte die straffe Organisation, also wurde sie abgeschafft. Zunftfreiheiten waren fortan eingeschränkt, Fischereirechte beschnitten, und der gewählte Marktrichter durfte sein Amt erst antreten, wenn Praunfalk die Wahl billigte. Versammlungen von Gericht, Rat und Gemeinde hatten nur mit Einverständnis des Salzverwesers stattzufinden. Der neue Salzherr war großzügig, was Steuererhöhungen betraf, und kleinlich, wenn es um penible Kontrolle und nachdrückliche Eintreibung ging. Auch Geldmittel, die der Kirche zuflossen, wurden geschickt ins amtliche Säckel umgeleitet: Ewige Renten waren nunmehr ablösbar, fromme Stiftungen wurden einfach negiert, wenn es keine schriftliche Bestätigung gab, und wer eine Liegenschaft der Kirche widmen wollte, hatte mit einem dornigen Behördenweg zu rechnen.
Besonders schmerzlich war des tüchtigen Verwalters Griff nach den Wäldern. Holz begann knapp zu werden, also drangsalierte die Obrigkeit die kleinen Leute, um die Versorgung des großen Unternehmens zu sichern – ein Verfahren, das bis heute aktuell geblieben ist. Die Ausseer durften ihr Brennholz nicht länger aus dem Koppen holen, und wer sich eines Eigenwaldes erfreute, fand sich plötzlich unter landesfürstlicher Forsthoheit wieder. Allerdings war es gestattet, das gewesene Eigentum wenigstens zu nutzen. Noch heute geben Holzservitute, die manche Ausseer Häuser genießen, Zeugnis von diesem legalisierten Raubzug.
Kühl bis ins Herz hinein etablierte Praunfalk eine neuzeitliche Leistungsgesellschaft, ertragreich und wenig men-

Links: Christoph von Praunfalk, der Manager unter den Salzherren, ließ die Wirtschaft wachsen und die Rechte der Bürger verkümmern.

schenfreundlich. Eine bohrende Unzufriedenheit und die zunehmende Bereitschaft zum Widerstand gegen die neue Ordnung mußte er nicht allzusehr fürchten. Trotzdem gärte es im Ausseerland, als 1525 der große Bauernaufstand auch in den Alpentälern aufflammte. Im Ennstal herrschte Krieg, und der Schladminger Knappenhauptmann Rastl stellte die Ausseer vor die Wahl, seinen Haufen zu verstärken oder von ihm heimgesucht zu werden. Es fanden sich tatsächlich einige Aufständische, und es wird von Ausseern berichtet, die sich plündernd über Stainach hermachten. Dennoch blieb der große Aufruhr ebenso aus wie das große Strafgericht. Die Leute im Ausseerland wußten nur zu gut, daß es zu ihrer in sich geschlossenen, von der Salzerzeugung geprägten Existenz keine wirkliche Alternative gab, und ihre Oberen hatten keinerlei Interesse daran, einen im Grunde prächtig funktionierenden Wirtschaftsraum zu zerstören. Also hielt die strafende Staatsgewalt, verkörpert durch Niklas von Salm, in Schladming schrecklich Gericht, gab sich in Gröbming nicht ganz so blutig und unterließ es im Einverständnis mit Praunfalk endlich sogar, nach Aussee vorzurücken. Zwar wurden die Bauern entwaffnet und die Häuser der Rädelsführer niedergebrannt, aber der große Schrecken blieb aus. So hält es die Geschichte seit jeher mit Aussee: In stürmischen Zeiten fegen ein paar gefährliche Windstöße durchs Land, doch der wirkliche Orkan tobt sich anderswo aus.
Praunfalks berechnende Tüchtigkeit war für die Ausseer jedenfalls nicht nur mühsam, sie bedeutete auch eine gewisse Beständigkeit in wirren und gefährlichen Zeiten. Als die Kräfte der Reformation auch in Aussee immer stärker spürbar wurden, spielte der Salzverweser eine zwar undurchsichtige, aber durchaus erfolgreiche Rolle:

Kein Mensch vermag zu sagen, ob er ein toleranter Katholik oder ein als Katholik verkleideter Lutheraner war, aber die von Erzherzog Ferdinand angeordnete Visitation und Inquisition bekräftigte, daß der Praunfalk alles fest im Griff habe und die christliche Ordnung gehalten werde. Es gab ein paar Ermahnungen, keine Strafen, und die befremdliche Tatsache, daß der katholische Pfarrer als Kaplan in die Spitalskirche verbannt worden war und ein Lutheraner in der Pfarrkirche die Messe las, fand keine Erwähnung. Die Söhne Christoph Praunfalks und vor allem sein Schwiegersohn, Balthasar Tollinger, sahen keinerlei Anlaß mehr zu irgendwelchen Verwirrspielen und traten offen und kämpferisch für ihr Augsburger Bekenntnis ein. Als dann die Gegenreformation mit dem eisernen Besen dreinfuhr, trotzte der nunmehr achtzigjährige Tollinger mit beachtlicher Zähigkeit der Ausweisung. Viermal wurde er barsch des Landes verwiesen, doch er blieb, lebte noch drei Jahre in seinem schönen, starken Haus zur Blauen Traube, bis er dann friedlich starb. Sein Grabstein ist neben dem seines Schwiegervaters zu finden, und keiner kommt auf die Idee, er habe an einer katholischen Mauer nichts zu suchen. Erst zweihundert Jahre später wurde auf dem Neuper-Feld, neben der heutigen Bahnhofpromenade, die kleine evangelische Kirche errichtet. Die Pläne stammten übrigens von Max Cordignano, dem Vater des bekannten Ausseer Musikers und Malers Hugo Cordignano.
Doch zurück zur alten Pfarrkiche St. Paul, zurück zu den Spuren des Ritters von Praunfalk. Der Weg führt von der Kirche an Tollingers Haus vorbei über die Mautbrücke zum Chlumeckyplatz, dem alten Hofplatz. Der gestrenge Salzverweser hatte sich zeit seines Lebens nicht nur als einträglicher Diener seines Herrn erwiesen, er war auch

in eigener Sache von unübersehbarer Tüchtigkeit. Er besaß am Hofplatz die Häuser Nr. 2 und 3, die er nobel ausstatten und mit Fresken schmücken ließ. Seinen Amtssitz, den Kammerhof, plante er gerade auf das kostbarste auszubauen, als er im Jahre 1545 überraschend starb.

An dieser Stelle sei es gestattet, eine kurze Anmerkung zu den Ausseer Hausnummern einzufügen, weniger, um zur Klärung beizutragen, als vielmehr, um die herrschende Verwirrung zu rechtfertigen. Wer das scheinbar willkürliche Durcheinander von Nummern betrachtet, hämisch durchbrochen von einer Ordnung, die erst recht keine ist, könnte argwöhnen, Ausseer Hausnummern seien dazu da, Menschen, die nicht seit Generationen mit den hiesigen Verhältnissen vertraut sind, eine einfache Orientierung unmöglich zu machen und verwirrte Fremde der heimtückischen Hilfsbereitschaft Wissender auszusetzen. Dabei ist alles ganz einfach: Wer auf dem Chlumeckyplatz die Häuser Nr. 1, 2 und 3 nebeneinander stehen sieht, meint Ordnung zu erkennen, wo in Wirklichkeit das dunkle Diktat der Geschichte waltet. Die Hausnummern orientieren sich nämlich am Alter der Gebäude, und so kommt dem Kammerhof eben die Nummer 1 zu, und seine Nachbarn haben durch ihre Entstehungszeit am Nummernadel teil. Im übrigen Ort purzeln die Zahlen dann bunt durcheinander, und wer meint, sich wenigstens an der Baugeschichte orientieren zu können, der geht erst recht wieder in die Irre: Die verschiedenen Ortsteile haben eine in sich geschlossene Nummernhierarchie, also gibt es eine Nummer oft mehrmals. Es kann natürlich auch sein, daß dieses anmutige Spiel die Antwort auf einen wenig beliebten obrigkeitlichen Ordnungssinn darstellt. Jedenfalls berichtet die Altausseer

Die Villa Kauders in Praunfalk: Spekulationsobjekt, ganz im Sinne des verblichenen, geschäftstüchtigen Salzverwesers.

Chronik 1770, daß alle Wohnungen „genomejert" werden müßten und stellt beunruhigt fest: „Das kommt allen Menschen hier in Aussee unbekannt und förchterlich vor, weil man förchtet und nit weiß, was mit der Zeit werden oder daraus entstehen möchte."

Ritter Praunfalk jedenfalls hatte dazumalen nichts zu „förchten"; er war mächtig und reich. Zu seinen schönen Häusern kamen zwei Mühlen im Markt und Grundstücke an der Straße nach Altaussee, einer Gegend, die noch immer Praunfalk heißt. Wer sich heute dort umschaut, findet im freundlichen Tal am Traunufer ein seltsames Gemisch aus trotziger Noblesse und schäbig gewordener Eleganz vor, durchsetzt mit gesichtslosen neuen Wohnhäusern und einem großen Schulgebäude. In Praunfalk baute sich der elegante Ausseer Fremdenverkehr des 19. Jahrhunderts seine prächtigsten Denkmäler, in Praunfalk wurden die Gewalt zweier Kriege und der Zusammenbruch gesellschaftlicher Strukturen in besonderer Schärfe sichtbar, und in Praunfalk entstand jenes seltsame Realgymnasium, in dem vor etwa drei Jahrzehnten neben ein paar schüchternen Ausseern die Creme österreichischer Jungprominenz versammelt war; nicht einmal André Heller, damals noch Franz, fehlte.

Praunfalk, der Salzverweser, Praunfalk, das vielgesichtige Villenviertel . . . im Ausseerland finden offensichtlich, über Jahrhunderte hinweg, Dinge zueinander, die ganz bestimmt miteinander nichts zu tun haben, ganz bestimmt aber auch wieder nicht.

DIE FREMDEN KOMMEN

Die Frage, was zuerst da war, Aussee oder die Ausseer, kann nicht schlüssig beantwortet werden. Ob sich die Herren und Damen mit den fliehenden Stirnen sehr ausseerisch fühlten, als sie in der Salzofenhöhle Bärenschinken brieten, darf bezweifelt werden, nicht zuletzt, weil es in der Steinzeit die Kurhauskonditorei Lewandofsky noch nicht gab, und die gehört nun einmal dazu. Nähme man allerdings diesen noblen und nahrhaften Mittelpunkt des Ortes als Indiz für eine ausseerische Identität, gäbe es eine solche erst seit etwa hundert Jahren, und das ist natürlich Unsinn. Schon glaubhafter wäre die Verknüpfung der Ausseer Eigenart mit dem Salz, aber auch da zeigt sich ein Problem: In der Saline werden heute seltsame Chemikalien erzeugt sowie Rohlinge für Knabbergebäck, während die Sole aus dem Altausseer Salzbergwerk eilfertig nach Ebensee gurgelt. Ist Salz also mit Identität gleichzusetzen, wird man diese in Zukunft auch im Ausland suchen müssen – was andererseits wieder nicht so schlimm ist: Hüllen sich doch überall in der Welt Ausseer in geheimnisvolle Mini-Welten, die sie schützen und bewahren und die plötzlich verschwinden, wenn sie nach Hause kommen und sich wieder im angestammten Element bewegen dürfen.

Dennoch ist ein lebloses Mineral wie Salz, so wertvoll es auch sein mag, wenig dazu geeignet, etwas Lebendiges zu charakterisieren. Also sei die kühne These gewagt, daß die Bewohner dieser Gegend in jenem Augenblick erstmals Ausseer waren und ihr Land damit zum Ausseerland wurde, in dem sie andere Leute als Fremde betrachteten. Daß dieser Augenblick vor vielen Jahrhunderten stattgefunden hat, steht außer Zweifel, und weil seit diesem denkwürdigen Ereignis der Umgang mit Fremden im Ausseerland sorgsam kultiviert wurde, konnte er sich zu jener Kunstform entwickeln, die heutzutage mit anerkannter Virtuosität gepflegt wird.

Als allerdings anno 1640 der Dreißigjährige Krieg in seine letzte Phase trat und die Habsburger allen Grund hatten, nervös zu werden, waren die Ausseer im Umgang mit Fremden noch ein wenig ungeübt. Jene, die mit dem Salz ins Land kamen, waren schon lange vertraut, doch der Krieg spülte einen anderen Menschenschlag ins Tal. Habsburgische Soldaten zogen durch und forderten Zehrung, drei „böhmische Weiber, so vom Feind sind verbrennt worden", wurden mit Almosen bedacht, zwei Adelige, „so durch den Feind um das ihrige gekommen und im Elend umherziehen", erhielten ein wenig mehr, und ein Hauptmann, der ausgerechnet in Aussee Soldaten anzuwerben gedachte, lebte recht gut auf Kosten der Bürger. Endlich standen die Schweden vor Wien, und der Salzverweser bekam Order, das Ausseerland abzuriegeln: „Nachdem die Not des herannahenden Feindes sehr groß ist, muß die Pötschen eiligst verhackt und verwacht werden. Die Not erfordert von den Kammergutsarbeitern, dabei mitzutun." Die Schweden kamen zwar nicht, wohl aber immer wieder Flüchtlinge: ein „krummer Leutnant, der kaiserlichen Befehl gehabt, daß man ihn samt Weib und Rossen zehrungsfrei halte", „Krabaten", die über die Pötschen geführt werden wollten, und so weiter. Viel war vom Wüten des Krieges im sorgsam abgeschotteten Tal

dennoch nicht zu spüren, und auch der ausseerische Griff zu den Waffen fiel nicht allzu martialisch aus: Man ließ den Schlosser die vier Musketen und sämtliche Hellebarden putzen. Dann kam der Frieden, und die Ausseer hatten sich zur Abwechslung mit arbeitslosen Söldnern herumzuärgern.
Am Beginn des 18. Jahrhunderts mußten sich dann die friedlichen Bewohner des Salzkammergutes fragen, wie sie dazu kämen, unter den Beschwernissen des Spanischen Erbfolgekrieges zu leiden. Von ausgefeilter Infamie war jedenfalls jenes Verbot, das anno 1703 den Fasching ausfallen ließ. Wer den Ausseer Fasching nur einigermaßen kennt, kann sich denken, daß man ein solches Jahr besser vergißt und als bedeutungslos aus den Annalen streicht. Wieder einmal mußte die Pötschen befestigt werden, es reiste sogar ein kaiserlicher Verteidigungskommissar an. Wenig später zog ein buntes Abbild der k.k Soldatenwelt durch den Markt: „Andraßysche und Bagoschische Haidukhen, Erbenvillische Dragoner und ein alter Feuerwerker“. Später kamen sogar noch österreichische Soldaten spanischer Nationalität nach Aussee, und ihr Obrist, Don Pietro Barsalo y Carasquet, ließ anfragen, ob hier Platz für zwei kranke Soldaten sei. So kam das Ausseer Spital zu seinen ersten spanischen Patienten: einem Hauptmann mit dem unglaublich schönen Namen Don Narziß Cabreda und einem gewöhnlichen Soldaten, der immerhin Dominico Costa hieß, was natürlich anders klang als Rastl, Schlömmer oder Köberl.
Der Feind kam wieder einmal nicht, dafür ließ der nächste Erbfolgekrieg, diesmal, 1741, der bayerische, nicht lange auf sich warten. Der Gegner stand sozusagen vor der Haustür: Bayern und Franzosen waren bis ins oberösterreichische Salzkammergut vorgedrungen. Im nach-

drücklich verschanzten Ausseerland saßen 127 Mann ungarische Infanterie und die ausnehmend rauhen Gesellen der kroatischen Warasdiner Miliz. Es folgten weitere Soldaten, und das Leben im Markt wurde nach und nach ungemütlich. Als dann die Bayern das Salzkammergut räumten, gab es erst recht keinen Grund, erleichtert aufzuatmen: Gefangene mußten untergebracht werden, und – schlimmer noch – es galt die Einquartierung von gezählten 1717 Mann zu bewältigen. Dieser höchst unerwünschte Gästeansturm ließ den Markt rasch verarmen, und die Forderung, alle Nationen streng voneinander getrennt zu beherbergen, brachte zusätzliche Probleme. Der Marktrichter tat sein Bestes, aber das war für die Herren Offiziere nicht genug, worauf sie den Bedauernswerten „mit Schlägen traktierten". Gut ein Jahr ächzten die Ausseer unter dieser rüden und teuren Spielart des Fremdenverkehrs, dann setzten sich die Kolonnen endlich in Bewegung, und die Bevölkerung ging ans Aufräumen.

1797 kam wieder Unruhe ins stille Salzkammergut und diesmal waren die Franzosen schuld daran. Der Altausseer Chronist notierte, ohne sich mit unnötigem Heldenmut aufzuhalten: „Weinen und Heulen, Zittern und Zagen, so daß man sich gleich gern in die Erde graben lassen möchte; lieber sterben als den Franzosenfeind kommen sehen." Die Franzosen trugen erst einmal zur Verwirrung bei, da sie nicht als Feinde, sondern als Verbündete durch das Ausseerland zogen, und zwar in russischen Uniformen, in englischem Sold und unter österreichischem Oberbefehl. Dieses Emigrantenkorps des Prinzen von Condé, Ludwig Josef von Bourbon, war ein recht bunter Haufen mit vierzig Generälen und über siebzig Priestern; 1400 Frauen und Kinder waren auch dabei, zweitausend Adelige reisten mit, ohne zu kämpfen, zweitausend Hunde verbellten kühn jeglichen Feind, und dreizehn Köche stellten sicher, daß sich die feinzüngigen Krieger im Ausseerland nicht von Almraungerln ernähren mußten. Einer der noblen Militärtouristen ließ sogar eine freundliche Schilderung zurück: „Heute, am 11. Juni, sind wir in dem reizendsten Dorfe, das es geben kann. Es liegt in einem kleinen, und sehr reichen Tälchen, völlig einsam, von Bergen umgeben. Die Bewohner von Altaussee, gut und sanft, leben behaglich in ihren Bretterhäuschen, die wie Schiffskajüten aussehen. Reinlichkeit und Frieden herrschen in ihren von angenehmen Obstgärten und üppigen Wiesen umgebenen Wohnungen; ihren Spaziergängen spenden Sykomoren und Tannen allerwärts Schatten." Die guten, sanften Ausseer waren trotzdem froh, als die hungrigen Franzosen weiterzogen und hatten kaum ein Jahr Zeit, sich zu erholen, da rückten schon wieder Franzosen ein, diesmal allerdings als Feinde. Die Besatzer „verlangten eine ungewöhnliche Bedienung, verwüsteten allen vorhandenen Wein und andere noch vorfindlichen Lebensmittel" und benahmen sich auch sonst daneben. Nach drei Monaten zogen sie ab, doch wenige Jahre später kamen sie in erschreckenden Mengen wieder. Der Altausseer Chronist berichtet schaudernd: „Der Markt war gleichsam mit Franzosen verhüllt, weil alle Häuser mit ihnen angefüllt waren. 1000 gehen heraus aus dem Markt und 2000 gehen wiederum hinein. O wie übel und hart!"

Erst nach vielen Wochen verließen die Soldaten Aussee, doch die Zeiten blieben unruhig. Noch nach dem Frieden von Wien erschienen eine Woche vor Weihnachten geharnischte französische Reiter und ließen keine Gelegenheit aus, ihrem schlechten Ruf gerecht zu werden. Erst der Wiener Kongreß machte dem Krieg wirklich ein Ende, doch das Ausseerland wie auch das übrige Österreich mußte den Frieden mit Zeiten schlimmer Not bezahlen. Es sollte noch ein geraumes Weilchen dauern, bis an die Stelle von Soldaten, vazierenden Räuberbanden und reiselustigen Betrügern eine neue Sorte von Fremden trat, eine, die gutes Geld ins Ausseerland brachte, statt es auszubeuten. Eine durchaus erfreuliche Entwicklung, alles in allem, wenn auch eine gewisse Distanz zu Leuten geblieben ist, von denen man nichts Genaues weiß. Gäste tun also gut daran, sich freundlich zu benehmen und auf „ungewöhnliche Bedienung“ ebenso zu verzichten wie auf die „Verwüstung von allem vorhandenen Wein und anderen noch vorfindlichen Lebensmitteln“. Man hat da so seine Erfahrungen.

TERRA INCOGNITA

Reiseschriftsteller sind seit jeher ein neugieriges, ziemlich eingebildetes Volk: immer dort, wo andere noch nicht waren, immer künftigen Trends voraus. So konnte es nicht ausbleiben, daß in einer Zeit, da es nicht mehr allzu gefährlich, anstrengend und abenteuerlich war, zu reisen, einige umfassend gebildete und wundersam wortreiche Herren oder sogar Damen den Weg in das ferne Ausseerland nicht scheuten. So soll denn auch wirklich zuerst eine kühne und poesievolle Reisende zu Wort kommen, jene Helmina von Chézy, die im Jahre 1840 das Salzkammergut besuchte. Über den Markt Aussee, dem es damals wirtschaftlich wirklich nicht allzu gut ging, findet sie mitfühlende Worte: „Von den gewaltigen Massen des Radling, des Lerchenreut, des Trieselberges, des Losers, des Sandlings näher und fernhin umthront, selbst hochliegend in wildschöner Pracht und ringsum die reichhaltigsten Naturgenüsse in Ausflügen nach den Seen, den Almen, den Dörfern, den Waldhügeln darbietend, blickt dieser freundliche Markt aus den herrlichsten Baumgruppen mit seinen stattlichen Häusern und der zierlichen Thurmspitze von jeder Seite her dem Wanderer anmutig entgegen . . . Es fehlt dieser Gegend höchst empfindlich an Belebungsmitteln der Triebsamkeit . . . Fabriken sind nicht in der Nähe, kein einziger Erwerbszweig kann zum Blühen gebracht werden. Die Gegend ist, wenige günstigere Stellen ausgenommen, steinigt und unfruchtbar, rauhe Stürme durchwehen diese Höhen, bei dem fleißigsten Anbau würde die Aerndte nicht das Bedürfniß der Gegend decken, über See und steile Gebirgwege herauf müssen die Lebensmittel, muß das Getraide herbei und wird vieleicht erst aus der sechsten Hand bezogen. Eine starke, unausrottbare Ansiedlung von Falken in all den Hochklüften macht die Taubenzucht (einen einträglichen Zweig des Landwesens) fast unmöglich, die Menge der Marder und die Theurung des Futters schadet der Hühnerzucht. Bienen kommen auch nur schwer fort.

Wo der Boden urbar ist, da ist er vortrefflich, allein, es ist so wenig guter Boden, daß der Einwohner von Außee und der Umgebung seine Lebensbedürfnisse aus Gmunden beziehen muß. Das Eisenwerk in Rettelstein, wo immer noch 70.000 Centner rohe Ausbeute unverkauft liegen, mußte eingehen, als der Salzberg so stark betrieben wurde, (dieser bedarf jetzt auch beiläufig 600 Arbeiter und Tagwerker minder als vor 5 Jahren) und somit gibt es eine große Anzahl arbeitsloser, nothbedrängter Menschen. Außee hat eine schöne Kirche, wo treffliche Kirchenmusik gehalten wird, ein Rathaus, wo Bürgermeister und Syndikus angestellt sind, ein Pflegegericht und ein Verwesamt, einen ausgezeichnet geschickten Arzt, und mehrere Bewohner von Bildung.“

Zum Thema Altaussee fließt der Dame hingegen die Feder förmlich über:

„Ein irdisches Paradies der Anmuth und Großherrlichkeit. Der, mit ewigem Schnee umkleidete Thorstein (Dachstein) blickt auf die lieblichen Ufer des stillen Sees herab, und spiegelt sich in seinen klaren Fluthen. Dieser entzückende Ort hat eine unendliche Süßigkeit und Großartigkeit zugleich der näheren Umgebungen, was

Altaussee nach einer Zeichnung von Friedrich Simony (1843): „ein irdisches Paradies der Anmuth und Großherrlichkeit" (Helmina von Chézy).

ihm den Vorzug vor vielen anderen Ansichtspunkten dieser Gegend sichert, herrliche Fernen, da die, auf einem großen Raum wildherrlich gruppierten und wundersam geformten Felsmassen weite Zwischenräume lassen, durch welche die ferneren Gebirgsketten sichtbar sind. Der, von lebendig rieselnden Waldbächen, Strömen und Quellen durchschlängelte, prangend grüne Boden erfreut das Auge, hier mit gedeihlichem Feldbau, dort mit Gärtchen und Obstbäumen, dort mit Baumgruppen, die das Studium der ersten Künstler zu werden dienen."

All dem sollte man nicht widersprechen, schon gar nicht der abschließenden Beurteilung wegen, und was die folgenden Zeitangaben betrifft: Es ist nicht unbedingt von Vorteil, daß wir heutzutage sehr schnell überall hin kommen. Reisen braucht Muße.

„Kein reichhaltigerer Platz zum Genuß der herrlichen Natur ist im ganzen Kammergut, selbst Ischl nicht ausgenommen. Wer einen ganzen Sommer lang in Naturgenüssen schwelgen, in der reinsten und erquickensten Gebirgluft sich stärken will, schlage sein Zelt in Alten-Aussee auf. Vom reizenden Admont ist es auch nur 11 Stunden fern, von Ischl nur vier Stunden, von Hallstadt nur 2, vom Gosathal nur 5 Stunden."
Aber auch der Grundlsee brachte die Dame gewaltig ins Schwärmen, nicht zuletzt, weil sie dort errötend erlauchten Spuren folgte . . .
„Wie blaue Fluthen standen hier zahllose Vergißmeinnicht, ihren prangenden Schmelz überragten blendendweisse Narzissen und die lieblichsten rosigen Wiesenblumen, indes der maigrüne besonnte Wiesengrund hier im Thau mit Juwelenpracht funkelte, dort im Waldesschatten, tiefgrün, die Reize jener strahlenden Stellen noch hob, und die gewaltigen Felskolossen, rosig umwoben, den Horizont umkränzten. Nun standen wir am Ufer der lieblichsten aller Fluthen der Erde, und freuten uns des Anblicks. Den Zauber des Grundelsees kann man eigentlich gar nicht fassen, worin er denn liegt? Ach! Rief der liebevollste aller Völkerhirten (der „gute" Kaiser Franz I.) als Er an seinem Ufer stand! Hätt ich die Luft und das Wasser, ich bliebe gesund!
Die treuen, treuherzigen Kinder des guten Landesvaters, lebendige Echos dieser Felsen, lassen die Worte in dankbar froher Erinnerung widerklingen.
Wir durchschifften die wallende Fluth und landeten bei dem Häuschen (Gasthaus Ladner) das öfters der gesegnete Erzherzog Johann zur Rast erwählte . . . Hohe Felsen und waldbewachsene Kegel umschließen den See. Nur gegen Außee eröffnet sich dem Blick ein weites Tal,

von wunderherrlichen Gebirgsmassen begränzt. Einzelne Höhen ähneln hier vulkanischen Bildungen, doch hörte ich nie, daß noch andere Anzeichen einer solchen entdeckt worden. Am See beim Fischerhaus (Klause) ist ein hölzernes Lusthaus weit hinein in die Fluthen errichtet." Soweit Madame Helmina von Chézy. Wunderherrlich, wie das innere Salzkammergut ganz offensichtlich war und natürlich immer noch ist, erhielt es auch bald eine schmückende Bezeichnung: die „Österreichische Schweiz". Johann Steiner, der als k.k Forstbeamter beruflich hierzulande tätig war, fühlte sich schon 1820 gedrängt, eine begierige Leserschaft mit wohlgesetzten Worten zu erfreuen. Der Landschaft und ihren Bewohnern zollte er höchstes Lob, konnte aber nicht umhin, einige moralische Bedenken anzumerken:

„Das eingerissene Sittenverderbnis unter dem jungen männlichen und weiblichen Landvolk, die sogar schon in diese friedlichen Gebirgshütten eingeschlichene fremde Krankheit, wird sich schwerer beheben lassen. Frei und offen geht der Bube zum Fenster seiner Dirne, wenn er glaubt, daß die harte Tagesarbeit den Eltern die Augen geschlossen habe, singt ihr leise die gewöhnlichen Sprüche vor, welches sie Angasseln nennen, und bittet um Einlaß. Unbekümmert um ihr künftiges Schicksal erhört die Dirne den bittenden Liebling. Schlauigkeit von Seite der Jugend, Sorglosigkeit von Seite des Alters, gibt diesen nächtlichen Zusammenkünften ungestörten Genuß; es ist auch nicht auffallend, wenn ein lediges Mädchen Mutter wird. Man redet eine kurze Zeit davon, sie erhält allenfalls einige Zurechtweisungen von ihren Eltern, dann ist die Sache abgetan und das Enkelein bleibt gleich einem rechtmäßigen Kinde unangefochtenes Glied der Naturfamilie."

Natur also, wohin des Spähers Auge blickt. Da bedarf es mitunter schon einiger Unerschrockenheit, Aug und Ohr nicht abzuwenden, wenn das Studienobjekt wieder einmal dieser Natur nachgibt. Der gelehrte Universitätsprofessor, Alpinist und Schriftsteller Joseph August Schultes geriet in einer Almhütte ins Reich der Sinne:
„Kaum waren wir eingeschlafen, als ungefähr in der zweiten Stunde nach Mitternacht ein rüstiger Bursche, ein Holzknecht, mit Steigeisen an den Beinen und einem mächtigen Griesbeile hereintrat, und durch die Gewalt seiner Tritte uns weckte. Wir stutzten Anfangs über diesen Besuch, als wir aber gar bald sahen, daß er nicht uns, sondern unserer Hausjungfer galt, waren wir beruhigt, und wir wären wieder eingeschlafen, wenn nicht Szenen, die kein Dichter üppiger und derber malen kann, und die wir unglücklicherweise durch die offenstehenden Fugen unseres Verschlages sehen mußten, uns hätten kein Auge schließen lassen. Wenn ein Dichter mir solche Szenen erzählt, so ekeln sie mich an; wenn ein Wüstling mir davon spricht, so empört er mich: und hier konnte ich sie sehen, und der Kraft mich wundern, die noch in des Mannes Lenden ist. Bedenken Sie noch, daß dieser Heraklide 5 Stunden weit des Nachts von einer anderen Alpe herstieg, nachdem er den ganzen Tag vorher Bäume gefällt hat! Und die Nixe war auch nicht müßig geblieben, den Tag über: Sie hatte 16 Kühe zu melken und zu warten."
Nach diesem Seitenblick auf das Freizeitverhalten im Ausseerland tauchen wir entschlossen ins Berufsleben ein. Der Oberösterreicher Ferdinand Zöhrer berichtet in einem Reisehandbuch aus dem Jahre 1881 auch über das Leben der Holzfäller:
„Montags früh verläßt er die Seinen, bei denen er an

„Wer einen ganzen Sommer lang in Naturgenüssen schwelgen will, schlage sein Zelt in Alten-Aussee auf" (Helmina von Chézy).

Sonn- und Feiertagen geweilt; mit der Zugsäge, der scharfen Hacke auf dem Rücken, im Rucksack die Delikatessen seiner Küche, wie Speck, Schmalz, Mehl, Gries, den Alpstock in der Hand, geht der Holzknecht in den ‚Schlag'. Droben im Hochwalde steht seine Hütte, wo er im Tannenreisig besser ruht als der Börsenjobber auf dem Pfuhle seiner Laster; wo er sich seine ‚Schmalznockerln' kocht, die nur der Alpensohn kunstgerecht zubereiten kann, die ihm besser schmecken als dem schlotternden Lebemann der Residenz ein Leckerbissen des Meeres. Mit dem ersten Finkenschlag ist der Holzknecht an der Arbeit, die Eule ruft ihn ab. Die unter den Streichen der Axt und den Zähnen der Säge kunstgerecht gefällten Waldbäume werden in Blöche geschnitten, dann in Stöße gerichtet.

Darüber ist der Sommer vergangen. Im Gebirge kommt der Winter schnell, und wieder muß der Holzknecht auf seinen Posten bei Tage, in seiner Hütte bei Nacht, wo ihm der Schnee zur Oberdecke wird. Es gilt jetzt, das gefällte Holz an die ‚Riesen' zu bringen, das sind Kanäle aus Baumstämmen, die während der Kälte mit Wasser begossen werden und so die Holzblöche auf ihrer Eisbahn in die Tiefe befördern. Der Holzknecht muß das Verlegen des Fahrkanals verhindern, eine schwere und durch Abspringen der sich überstürzenden Hölzer oft lebensgefährliche Arbeit. In der Tiefe wird das Holz in den Klauswassern fortgeschwemmt. Da muß er wieder mit dem ‚Griesbeile' nachhelfen oder an einem Seil, über Abgründen schwebend, die angehäuften Massen des Holzes im ‚Strub' in Gang bringen, bis es die Traun oder die Seen erreicht, auf denen es leichter weiterbefördert werden kann."

Diesen Zeilen über das offizielle Leben im Walde seien noch Anmerkungen zu einer inoffiziellen Profession angefügt, wobei der Autor, Freiherr von Andrian, der als volkskundiger Schriftsteller in Altaussee lebte, keinen Zweifel daran läßt, daß diese Profession, nämlich die Wilderei, im Salzkammergut nicht nur die banale Dimension der Missetat kennt:

„Wie das ‚frischnen' des Gewehres und das Gießen der Kugeln am Karfreitag stattfindet, ist der gebräuchlichste Tag für das unerlaubte Waidwerk der Freitag. Entweder schon am Vorabend oder zur frühesten Morgenstunde bricht der Schütze auf, ausgerüstet mit einem kleinen Mundvorrat an Brot, Speck und Schnaps und einer zerlegten Kugelbüchse. In ihrem Schaft ist ein geweihtes Palmkätzchen und Wurzelwerk eingeschlossen. Nachdem er ins Freie getreten, betet er entblösten Hauptes

Früher brachten Wasser oder Schlitten das gefällte Holz zu Tal. Heutzutage hat auch der Wald sein Straßennetz.

fünf Vaterunser. Gestatten es die Umstände, so wohnt er Tags zuvor einer Messe bei und betet den ‚Grausen-Segen'. Dieser lautet: O mein Jesus, ich glaub' daß den Teufel jederzeit ein Grausen angeht, wenn ich deinen heiligen Namen Jesu nenne; und nicht allein den Teufel, sondern alle bösen Geister, die im Himmel und auf Erden schweben, ein Grausen angeht. Dazu hilf mir Gott der Vater, der Sohn und der heilige Geist. Amen."
Der grüne Jägersmann kommt in dieser frommen Be-

schwörungsformel zwar nicht vor, darf aber wohl zu den „bösen Geistern" gezählt werden. Die himmlischen Mächte hingegen, das ist ebenfalls gewiß, standen den Ausseer Wilderern sozusagen als überirdische Kumpane zur Seite . . .

„Der Wildschütze stattet sein Gewehr zur Erhöhung der Schußfähigkeit mit Amuletten aus. Er hat es nicht gern, wenn jemand mit dem Finger die Mündung des Laufes auswischt. Ein bißchen dahinein gebrachtes Ohrenschmalz hebt die Treffähigkeit nahezu auf. Andererseits glaubt er an die unfehlbare Treffsicherheit verzauberter Kugeln. Diese müssen jedoch bis zur Mitternacht des Tages der Ladung auf ‚etwas von Fleisch und Blut' abgeschossen werden, sonst geht der Schuß auf den Jäger selbst und überliefert ihn dem Teufel. In einer solchen Gefahr schoß einst der Grundlseer Schütze Kriag Luis vom Lammersberge aus auf die Mariensäule bei dem Kirchlein von St. Leonhard und wurde gerettet."

Nach all der frommen Teufelei kann es abschließend nur gut tun, ein sanft verklärtes Auge auf die Landschaft des Ausseerlandes zu werfen. 1867 erschien das „Österreichische Seenbuch" des klassischen Reiseschriftstellers Heinrich Noë. Der welterfahrene Mann ergibt sich in schöner Hemmungslosigkeit dem kühlen Zauber eines noch winterlichen Frühlingsmorgens am Altausseer See. „Im Walde, dessen Unterholz vom Schnee befreit ist, erfreut uns das Klingeln von Glöckchen am Halse weidender Ziegen. Sonnenbeglänzter Nebel verhüllt uns die Berge und läßt den gefrorenen schillernden See als ein arktisches Märchen erscheinen. An einzelnen Stellen scheint das Gestirn, Meister des Nebeldunstes geworden, tief aus dem klaren Eis herauf. Von diesem heben sich am erhellten Strande Dampfwölkchen nach der Frühlingssonne.

Wenn Ausseer Holzknechte ihre „Schlittgoaß“ bei den Hörnern nahmen, ging es nicht um Wintersport, sondern um eine gefährliche Talfahrt mit der schweren Holzlast.

Wir erraten ihr Dasein an den Kreisen von siebenfarbigem Glanz, die vor dem leichten Westwind langsam das Gestade hinabwallen. Derselbe Glanz begegnet uns von den Zweigen der Bäume herab. An diesen sind die Regentropfen der Nacht zu Eiskügelchen geworden.
Dort, wo ein vom Schneewasser geschwellter Bergbach, dessen Wellen eine graue Hütte, einen Fischbehälter, durchrauschen, in den See stürzt, hat sich das Eis weithin in den wärmeren Fluten gelöst. Weit draußen erst schwimmt die silberstrahlende Fläche des Eises, wie ein

fernes Land jenseits des Meeres, von Wundern und Geistern bewohnt. Über ihm hat sich der Nebel zu langgestreckten Wolken verdichtet, schimmernde Phantome, welche über dem seligen Lande schweben und es hüten wollen. Dazwischen aber wallt die endlich erlöste tiefgrüne Flut hin, vom manchem verstreuten Sonnenstrahl belebt. Aus ihr schnellen große Fische auf, die aus dem noch vom Eis verdunkelten See gekommen sind, um sich hier am Lichte zu erfreuen. Endlich sind die Dünste zerronnen, der Dachstein ragt als Kristall in die unermeßliche Bläue. Er scheint jetzt eine Höhe aus dem Zauberlande zu sein, welches wir vorhin in träumerischem Glanze auf den Wassern schwebend glaubten.

Und in noch weiteren Fernen steht der tote Mond, die schönste aller Leichen."

Wer solches nachvollziehen will, ist herzlich dazu eingeladen. Den alten Fischbehälter am See gibt es noch immer, dort, wo der Weg von Altaussee zur Seewiese aus dem Waldschatten ins Licht des kahlen Felsufers tritt. Der kleine Bach führt zur Zeit der Schneeschmelze wirklich Wildwasser, das Erwachen der Landschaft in den frühen Morgenstunden ist noch immer leise und sehr poetisch, der Dachstein hat nichts von seiner pittoresken Dramatik eingebüßt, und die „schönste aller Leichen" hat hierzulande noch keine Schmutzränder. Aber der Mensch, der motorisierte und zentralbeheizte, hat mit kühler Romantik wenig im Sinn. Außerdem sieht er das alles viel bequemer beim nächsten Lichtbildervortrag im Kurhaussaal.

DIE PFANNHAUSER UND DER POSTILLON

Zu Anfang des 19. Jahrhunderts war Aussee ein recht zwiespältiges Gemeinwesen. Im Ortszentrum dampfte, rauchte und stank die Saline auf Teufel komm raus, und im Land ringsum betrachteten die ersten Gäste aus der großen, weiten Welt schwärmerisch die Natur. Diese Gäste hatten eher die Bedeutung exotischer Schmetterlinge, waren schön, kostbar und nicht allzu nutzbringend; im Mittelpunkt des Lebens im Ausseerland stand immer noch das Salz. Allerdings hatte das Selbstbewußtsein der Ausseer schon 1745 gewaltig gelitten, als aus dem Salzamt in Gmunden das Salzoberamt wurde und damit das ganze Salzkammergut unter eine moderne, einheitliche Verwaltung kam. Vorbei die Zeiten, da der Salzverweser dem Bürgermeister sagte, was er zu tun hatte, oder dem Pfarrer Hiebe androhte, wenn der den Himmel für höher erachtete als den Dachfirst des Kammerhofes. Sogar die Pfannhauser waren aufmüpfig geworden: Irgendein Amt hinter den sieben Bergen hatte eben nicht die Autorität eines mächtigen Herrn, der erhaben auf dem Hofplatz residierte, und die Herren Salinenvorstände ließen ja doch mit sich reden.

In Altaussee wurde der Salzberg mit unvermindertem Eifer ausgebeutet; allerdings gab es ernsthafte Zwischenfälle. Viermal innerhalb weniger Jahre passierte etwas, vor dem sich die Bewohner der Oberwelt erst seit dem

Ozonloch fürchten müssen: Der Himmel ging in Brüche. Für den Bergbau bedeutet ein solches Ereignis einen Deckenbruch in einem Sinkwerk. Nicht auszudenken, wenn etwa Klaus Maria Brandauer bei einer seiner nächsten Lesungen im Salzbergwerk der Himmel auf den Kopf fiele! Doch das ist gänzlich unmöglich. Heutzutage sind die steinernen Firmamente fest, wie für die Ewigkeit gemacht. Vor über 150 Jahren rückte man dem Berg hitziger zu Leibe. Neue Stollen wurden vorangetrieben, sogar die ersten Schienen für Grubenhunte verlegt, und auch im Tageslicht wurde gebaut: Der Bergmeister bekam ein festgefügtes, steinernes Haus, das „Moosberg-Gschloß“, außerdem wurden die Steinberghäuser erneuert. Durch den Steinbergstollen, der schon im 14. Jahrhundert in Betrieb war, führt heute der Weg in den Berg für Besucher, die für eine dunkle, geheimnisvolle Stunde die Welt der Knappen erfahren wollen. Manchmal drängt sich aber auch feierlich gestimmtes Publikum zwischen den salzigen Stollenwänden zur Bühne im alten Laugwerk; dann funkeln die Worte und sprühen die Töne, und im unendlichen Spiegel des Salzsees tanzen festliche Lichter. Im 19. Jahrhundert war Licht im Salzbergwerk allerdings Mangelware: Unschlittkerzen mußten reichen. Einer neumodischen Beleuchtung mit Rüböl traute man weder im Altausseer Bergwerk noch in dem von Hallstatt oder Ischl.

Eine schreckliche Art der Beleuchtung erfuhr der Markt Aussee, als im Jahr 1827 der rote Hahn auf den Salinendächern tanzte. Zwei Pfannhauser (ihre Namen sind überliefert) hatten bemerkt, daß brennender Ruß aus den Schornsteinen drang. Der Pfannmeister (sein Name bleibt besser vergessen) reagierte falsch, und als er sah, daß Funken und Glut das Holz über der Pfanne in Brand

zu setzen drohten, wußte er sich nur noch durch die Öffnung des Schornsteinschubers zu helfen. Ein rasender Luftzug riß brennendes Pech und Ruß aus dem Schornstein und ließ die Glut auf die Holzdächer regnen. Kurz darauf begannen die Pfannhauser und die Bewohner der umliegenden Gebäude mit den gefährlichen Löscharbeiten. Doch bei starkem Wind lagen in wenigen Stunden die Saline und viele Nebengebäude in Schutt und Asche, Holz- und Torflagerstätten waren vernichtet. Aber es gelang, eine weitere Ausbreitung des Brandes zu verhindern: Der Dechant reckte am Traunufer flehentlich das Allerheiligste gen Himmel, Braumeister Adam Neuper, schon von Berufs wegen mit Flüssigkeiten aller Art vertraut, tat sich als Kommandant der Feuerspritze hervor. Als diese Gefahr vorbei und der Schaden gemessen war, gingen Ausseer, Ischler und Hallstätter Salinenarbeiter gemeinsam daran, die Anlagen wieder aufzubauen. Die Bewohner der anliegenden Häuser wurden salzamtlich entschädigt, was bedeutete, daß sie einen Bruchteil der ihnen zustehenden Summe erhielten und, was den Rest betraf, auf den Amtsweg verwiesen wurden. Der schien den leidgeprüften Ausseern allerdings ein gar zu steiniger Pfad; Nachbarschaftshilfe sprang ein, alles wurde wieder gut, und das Salzamt hatte sich eine Menge Geld erspart.
Sieben Jahre später brannte dann das Sudhaus von Ebensee ab, und die Ausseer Saline mußte seine Kapazität ersetzen. Zwei Jahre lang wurden riesige Mengen Salz mit Fuhrwerken über die Pötschen gebracht und dann auf Salzschiffen weiterbefördert. Die Schiffe des Salzamtes besaßen übrigens jahrhundertelang eine Bedeutung, die sogar über das Salzkammergut hinausging: So baute das Salzamt Kriegsschiffe für die Donau, beförderte mit fünf-

zig Zillen Kaiser Ferdinand samt Hofstaat von Regensburg nach Wien, und Prinz Eugen brauchte im Kampf gegen die Türken Zillen aus dem Salzkammergut. Noch im 19. Jahrhundert mußte sich sogar der Kaiser auf dem Weg nach Bad Ischl der christlichen Seefahrt anvertrauen. Für ihn stand allerdings das „Kaiserschiff" bereit: eine schön bemalte Zille mit einem Engelskopf als Galionsfigur.

Immerhin gab es in Aussee eine private Post und seit 1808 einen k.k. Postmeister, mit dessen Namen sich allerlei verbindet: Er hieß Jakob Plochl. Eine Haltestelle für Postkutschen befand sich am heutigen Kurhausplatz. Wöchentlich zweimal hielt die Kutsche von Salzburg nach Graz in Aussee. Der Postillon, Urahn aller Fernfahrer, saß auf dem Kutschbock, und wenn man zeitgenössischen Berichten glauben darf, tat er das gerne: Er trug eine schmucke Uniform, und wenn er hoch postiert auf dem schwarz-gelben Mailwagen von der Pötschen herabsauste, blies er auf seinem Horn „die allerliebsten Weisen". Das Herabsausen von der Pötschen dürfte allerdings eher Schwerarbeit als sportliches Vergnügen mit Musikbegleitung gewesen sein, wie sich jedermann vorstellen kann, der den Verlauf des alten, tief eingeschnittenen Fahrweges im Gefolge der steilen Straße, die von Aussee die Marktleite hochklettert, betrachtet. Immer wieder mußten Salinenarbeiter die Wagen begleiten und einen unerwünschten Rutsch ins Tal verhindern. So war auch das Hornsignal des Postillons nicht so sehr Ausdruck ungezügelter Lebenslust als eine Art Hupe, ein Warnzeichen für andere Verkehrsteilnehmer. Der Postwagen genoß landauf, landab absoluten Vorrang, und er war letztlich auch recht flott unterwegs: Von Aussee bis Stainach brauchte er zwei Stunden. Noch vor wenigen Jah-

Die Hornsignale des Postillons ersetzten Hupe und Lautsprecherdurchsage – und sie klangen beträchtlich besser.

ren soll es Bummelzüge der Bundesbahn gegeben haben, die . . . aber lassen wir das.

Das Horn des Postillons wurde nicht nur zur Warnung geblasen, es informierte auch über die Ankunft von Dienstpost, Extrapost, eines Couriers oder gar einer Staffette. Es gab Hornsignale für die Anzahl der Pferde und der Wagen. Ein ordinäres Schnalzen war dem noblen

Kutscher gänzlich untersagt. Auch war schlüssig geklärt, wer die Haftung für alle Ereignisse dieser gefahrvollen Reisen trug: der Postillon persönlich. Trotz aller Verantwortung und Mühsal muß er für die braven Pfannhauser ein bunter Vogel gewesen sein, einer, für den der tiefe Talkessel des Ausseerlandes nur Zwischenstation war, der in der Welt herumkam und mit besseren Leuten zu tun hatte.

Die Sudhäuser dampften indes, als ob sich ihre tradierte Welt niemals ändern sollte – und sie fraßen ungeheure Mengen Holz. Um die Ausseer Wälder nicht ernstlich zu gefährden – schließlich waren sie auch das Jagdrevier nobler Gäste –, wurden Pflanzgärten für die Aufforstung angelegt, und im Gebiet des Ödensees war der Torfstich nach wie vor von Bedeutung. In neunzig Trockenhütten wurden jährlich weit über eine Million Torfziegel erzeugt. Im 19. Jahrhundert schien es auch, als könnte eine andere Art von Bergbau für das Ausseerland bedeutend werden: Zwei Jahre lang schürften Knappen in Stollen im Rötelstein nach Eisen. Sie wurden fündig, doch das geförderte Erz war nicht rentabel zu verkaufen. So rosten, wie schon Helmina von Chézy bemerkte, noch heute viele tausend Zentner Erz auf den Halden, und die alten Stollenmünder sind grün überwuchert. Nur das Gipsbergwerk am Grundlsee ist heute neben dem Salzberg von einiger Bedeutung, und eine Seilbahn schaukelt leise und betulich die Gipsbrocken über Berg und Tal nach Unterkainisch, wo ein leibhaftiger Industriebetrieb steht, den die Ausseer lieben müssen, weil sie ihn brauchen können.

DIE PFEIFERLBUBEN IN DER KAISERSTADT

Die Tatsache, daß Volksmusik seit jeher das Leben im Ausseerland um die erstaunlichsten Klangfarben bereichert, ist nicht nur dadurch erklärlich, daß die Ausseer in ihrer verborgenen, abgeschlossenen Welt darauf angewiesen waren, selbst für Unterhaltung zu sorgen; es gab und gibt auch eine angestammte Lust am Musizieren, ein hintergründiges Vergnügen am vordergründigen Spiel. Es ist ja auch nicht so, daß die Ausseer Almdirnen dereinst einander nur die neuesten Nachrichten zuriefen; es gab allerlei zu übermitteln, das sich in Worten eben kaum ausdrücken läßt. Hofrat Franz Joachim Ritter von Kleyle, nobler Schatten des reisenden Erzherzogs Johann, spitzte dereinst auf einer Wiese in Gößl die Ohren und lieferte eine treffliche Beschreibung: „Bei dem Dudeln gibt eine Sennerin mit einem Rufe zu erkennen, daß sie mit ihrer entfernten Nachbarin zu sprechen Lust habe. Dann folgt in bald raschen, bald gedehnten, bald unartikulierten Tönen, und halb in vernehmlichen Worten eine Art Rezitativ, welches bald einen Gruß, einen Vorwurf, eine Einladung, bald die Geschichte des Lebens und Duldens der Sennerin oder einer ihrer Nachbarinnen, bald ein Märchen enthält. Wenn die Sängerin eine Pause macht, fällt ihre Gespielin ein, und so wechseln die Alpendirnen an heiteren Tagen stundenlang ihre einfachen Gedanken und Empfindungen über breite und tiefe Klüfte hin, die

Klaus Maria Brandauer und Hans Stöckl: Ein großer Mime geht unter die Seitelpfeifer, und ein Seitelpfeifer hat seinen großen Auftritt.

ihren Aufenthalt trennen. Bei dem Ludeln stecken gewöhnlich zwei bis drei Dirnen die Köpfe zusammen, umschlingen sich mit einem Arm, halten mit der Hand des anderen Armes die Kehle, und pressen mit einer Gewalt, die ihnen die Adern im Kopfe auftreibt, ihre unartikulierten Gesänge aus der Kehle hervor. Sie verhalten sich zu den Alpengesprächen wie die Pantomime zum Drama. Wenn sie gleich nicht von Worten begleitet werden, so ist es doch unmöglich, ihren Charakter und die Empfindungen, welche ihnen zugrunde liegen, zu verkennen. Ihre Melodien sind viel reicher und mannigfaltiger und die Harmonien manchmal wahrhaft überraschend, besonders, wenn nach einem kurzen Solo die zweite und die dritte Stimme einfallen."

Soviel zu den lichten Höhen, doch auch im Tal waren

manchmal überraschende Harmonien zu hören. Da gab es zum Beispiel den Altausseer Johann Kain, ursprünglich k.k. Salinenarbeiter, der dann aber die „Bachwirt Hanna" heiratete und so zu einem Gasthaus in Lupitsch kam. Kaum war er die Salinenarbeit los, entdeckte er an sich die ergötzlichsten Talente. So wurde er zum Vorfahren heutiger Liedermacher, mit dem kleinen Unterschied, daß er wirklich selbst textete und komponierte und ohne Playback zur Gitarre sang. Seine handschriftlichen Liederbücher erschienen später sogar im Druck. Ein Musikant feineren Zuschnitts war der Ausseer Tanzgeiger German Roittner, der Sohn eines Salinenbeamten, versehen mit dem eindrucksvollen Berufstitel „Materialzuseher". Dieses Amt dürfte seine Kräfte nicht gänzlich aufgezehrt haben, und so fand er Zeit, sich im Violinspiel zu üben, Stücke zu sammeln und auch selbst zu komponieren. Bald erwies er sich als virtuoser Geiger, der auch vor der Erfindung des „Violin-Jodlers" nicht zurückschreckte und im Alter von 29 Jahren einen von Erzherzog Johann ausgeschriebenen Spielwettbewerb gewann. Roittner geigte keineswegs im Elfenbeinturm; gerne spielte er mit Michael Fischer zusammen, der als Neupers Bräuknecht „Bräu Michel" genannt wurde. Dieser hatte allerdings später die Stirn, die Witwe eines Bierbrauers zu heiraten und mit ihr nach Nußdorf am Attersee zu ziehen, eine Tat, die man ihm verzeihen muß, weil er kein gebürtiger Ausseer war. Oft war auch der Zitherspieler und Drechslermeister Johann Kübler mit von der Partie. Roittner geigte, wo es sich eben ergab: bei Hochzeiten, wenn es beim Bachwirt wieder einmal hoch herging oder bei kaiserlichen Hofjagdfesten.
Es gab aber auch ein bekanntes Streichertrio, angeführt vom Müllermeister Franz Stöger. Fürst Hohenlohe

Musikantenstammtisch: Der virtuose Tanzgeiger German Roittner (rechts) und „Bräu Michel“ Michael Fischer.

höchstselbst nahm die drei munteren Geiger sogar an den Münchner Hof mit. Es war in adeligen Kreisen Mode geworden, sich anläßlich eines Aufenthaltes zur Jagd oder zur Erholung leutselig unters Volk zu mischen, an seinen nicht gänzlich unschuldigen Vergnügungen herzhaft teilzuhaben und Talente huldvoll oder sogar freundschaftlich zu fördern. Der Bachwirt sang ja nicht, um den edlen Damen und Herren als alpiner Animateur zu dienen; er tat, was er gerne tat, und wenn es auch den besseren Leuten gefiel, hatte er nichts dagegen.

Vorsichtig öffnete sich das Ausseerland seinen Gästen, und diese wiederum waren so stolz auf ihre Entdeckung, daß sie auch zu Hause etwas davon zeigen wollten. So kam es, daß zwei Sommergäste aus der vornehmen Wiener Gesellschaft, der Komponist Josef Dessauer und Frau Josefine von Wertheimstein, im Winter 1853 drei junge Altausseer nach Wien entführten: den blonden Albin Schraml, einen temperamentvollen Gitarrespieler und Jodler, und die Brüder Josef und Franz Steinegger, zwei muntere Schwegelpfeifer, die alle unerschrocken ihre einschichtige Heimat verließen, um kopfüber in die Welt der feinen Wiener Salons zu tauchen. Väterlicher Freund der Altausseer Musikanten und Mitverfasser ihres Reisetagebuches war Josef Dessauer: aus bester, jüdischer Bankiersfamilie, welterfahren, geistreich und hypochondrisch. Im schöngeistigen Club „Baumannshöhle", der verbotenen „Ludlamshöhle" nachempfunden, trug der lustvoll Kränkelnde den bezeichnenden Beinamen „Raunzeander".

Am 18. Dezember ging die Reise im Pferdewagen bis Stainach, dann schlugen sich die drei Musikanten zu Fuß weiter nach Liezen durch. Zwei weitere Tage brauchten sie in Fußmärschen und Kutschfahrten bis Bruck, wo endlich die Eisenbahn herbeirollte. „Um 5 1/2 früh in den Bahnhof, da hab ich Augen gemacht, wie das Lokomotiv von Gratz gekommen ist! Es war noch finster und die rothen Laternen vom Waggon sahen aus wie die Augen vom Teufel."

Bis zum Semmering führte der Schienenstrang, dann galt es wieder, auf die Kutsche umzusteigen. Doch von Gloggnitz aus gab es kein Halten mehr: „Wir kamen zu der ersten hübschen Stadt. Wienerisch-Neustadt: Dort haben sie uns die Pässe abgenomen. Dann fuhren wir bei Baden vorbei und endlich kamen wir nach Wien. Auf allen Stationen, wo der Wagen stehenbleibt, sind mehrere Minuten Aufenthalt, am meisten auf den großen Stationen, wo viele Leute ein- und aussteigen. Wie wir nach Wien kamen, bin ich völlig wegen der Beleuchtung erschrocken. Der ganze Himmel ist roth, als wenn es brennte. Das meiste Licht macht die Gasbeleuchtung."

Am Ende der dreitägigen Reise stand ein herzlicher Empfang: Josef Dessauer, im Tagebuch liebevoll als „Vater" tituliert, stand am Bahnhof, der Maler Matthias Johann Ranftl war da, der Dramatiker und Regierungsrat Salomon Hermann Mosenthal und sogar ein Ausseer: Joseph Pollhammer, Sohn des Ausseer Postmeisters, der in Wien Jus studierte und später als Dichter und Freund Grillparzers hervortrat.

Auf dem Weg durch Wien gab es dann natürlich für Albin Schraml schon einige Unterschiede zum heimatlichen Altaussee anzumerken: „Ich glaubte immer, die Stadt sey schon zu Ende und sie fing noch gar nicht an. Das Theresianum ist ein ungeheures Gebäude, wo junge adelige Leute erzogen werden. Wir gingen über eine halbe Stunde, ehe wir aus der Vorstadt Wieden kamen. Wir hielten uns einen Augenblick bei Herrn Ranftl auf. Von da an wird es immer lebendiger und heller, tausend Gewölbe mit Waaren, Wägen und Pferde, schrecklich viel Lärm und so viele Menschen, daß man glaubt, es sind Prozessionen. Dann kommt man zu lauter Alleen, die um die ganze Stadt gehen. Sie heißen Glacis und sind mit einer Composition von Stein und Pech gepflastert, die Asphalt heißt. Es geht sich darauf wie auf einem hölzernen Boden."

Nach zwei Tagen Stadtbesichtigung und einem leibhaftigen Christbaum zum Weihnachtsabend nebst reichen Geschenken, gutem Essen, Gefrorenem und Champagner

begann der unaufhaltsame gesellschaftliche Aufstieg der drei Gäste aus Altaussee, begleitet von Flöten und Gitarrenklängen. „Wir bekamen wieder eine Einladung von einem Ministerialsekretär." „Hat uns der Vater bei der Gräfin Wimpffen, der Frau des Feldmarschall-Lieutenanten in Triest, vorgestellt." „Zu Mittag haben wir an der Tafel von Frau Todesco gespeist." „. . . und ich habe mit der 12jährigen Gräfin steyerisch getanzt." „Wir haben mit dem Fräule Buri auf dem Theater gejodelt." „Gestern gab es Verdruß, weil wir hätten sollen auf 2 Orten spielen, gingen aber zur Baronin Eskeles." „Acht Priester haben mit uns gespeist. Es ist lustig gegangen." „Nachmittag ein bißchen geschlafen, dann mit dem Vater in das Palais vom hannover'schen Gesandten, Baron Stockhausen, gegangen." „Abends war bei Frau von Meyerhofer eine merkwürdige Gesellschaft. Alle Personen waren in steyerischem Anzuge, die Damen haben ganz ausgesehen wie unsere Dirndln und alle Herren wie unsere Holzknecht." „. . . zusammen zum sächsischen Gesandten gegangen, bei dem wir bestellt waren. Es ist der Baron Könneritz. Dort fanden wir die Fürsten Schwarzenberg und Liechtenstein, den Grafen Hunyady, die Alle sehr freundlich zu uns waren."
Am 17. Jänner ging es an die Heimreise. Die Altausseer Musikanten waren um einige Erfahrungen und beträchtliche Trinkgelder reicher; Schaden hatten sie keinen genommen, im Gegenteil: Die beiden Pfeiferlbuben pfiffen in der Folge fröhlich weiter, und Albin Schraml eröffnete mit Hilfe seiner vornehmen Freunde ein Wirtshaus am Grundlsee, übernahm die Postmeisterstelle, führte die Dampfschiffahrt ein und schuf eine Stellwagenverbindung zwischen Aussee und Grundlsee. Er ließ auch das „Badhaus" bauen, das später als Gasthof „Zur Post" von seinem Enkel Toni Schraml geführt wurde.

Es kommt auch heute noch vor, daß Musiker aus dem Ausseerland nach Wien geholt werden, nur eben nicht in die Salons, sondern ins Fernseh- oder Rundfunkstudio. Und es ist auch heute noch so, daß sie die städtischen Turbulenzen, endlich wieder heimgekehrt, wie Staub von den Gewändern schütteln und weiter aufspielen, ohne sich aufzuspielen.
Ob es inzwischen auch so etwas wie die „Original Ausseer Polsterzipf-Buam“ gibt, sollte man besser erst gar nicht wissen, entbehrt es doch schließlich jeglicher Bedeutung.

ERZHERZOG JOHANN

Der berühmteste aller gewordenen, nicht geborenen Ausseer kam ins Land, weil er kaum noch eine andere Wahl hatte. „Als 1810 schwerer Kummer mich beinahe ins Grab gebracht, Tirol, Krain, ein Teil von Kärnten, Salzburg verloren gegangen, blieb mir noch die Steiermark übrig." Schon zwei Jahre zuvor hatte Erzherzog Johann sein alpines Refugium entdeckt. Die Knappen hatten vor ihm den uralten Schwertertanz aufgeführt; zwei Schwegelpfeifen und eine Trommel erklangen dazu. Bei seinem zweiten Besuch faßte der Erzherzog den Ort seinen künftigen Wirkens genauer ins Auge: „Der Markt Aussee, am Vereinigungs-Punkte der zwey Thraune in der Thaltiefe zusammengebauet, hat seine Gestalt durch die beengten 3 Thäler und zum Theil steilen, dieselben begleitenden Absätze bedingt, dazu kömmt noch, daß die Hauptstraße aus dem Inneren der Steyermark, so wie jene aus dem Lande ob der Enns, beyde über die Berge geführet, die zwey Thraune vor ihrer Vereinigung übersetzen. Die Häuserreihen sind in den Thälern und an den Strassen gereihet und bilden die größere Häuserzahl bey der Vereinigung der Gewässer. Auf der einen Seite der Grundlseer Traun und entlängst der Straße Steyermarks liegt am Fuße des Abhanges die alte ehrwürdige Pfarrkirche, umgeben vom Leichenhofe, mit dem Pfarrhofe und der Schule, eine Gasse aus Bürgerhäusern führet hinab zu einem kleinen Platze, an dessen einer, längeren Seite die alte

Spital-Kirche und gegenüber auf der anderen Seite ein Bürger- und Gasthaus und daran das ehemalige Posthaus liegen. Vom Platze weiter gelanget man zur Traunbrücke, jenseits derselben, am Zusammenflusse der zwey Traune, zwischen ihnen die alte Salzpfanne mit den Magazinen und anderen Gebäuden. Weiter liegt an der alten Ausseer Thraun der größere Theil des Marktes, der untere Marktplatz mit Bürger- und Gasthäusern und dem früher bemalten, nun neuerbauten Rathause. Oberhalb der obere Marktplatz mit dem Getreidekasten, dem alten Ober Amts Hause und Bürgerhäusern; Mühlen, Schmidten, Gärten und weiter in den Thälern sowohl, als auch an und auf den grünen, von Bäumen beschatteten Abhängen zerstreute Häuser; mannichfaltige Weege, Steige, mit Gittern abgeschlossen oder durch Stiegeln unterbrochen, durchkreutzen die ganze Gegend, das Ganze ein herrlicher, mannichfaltiger Garten. Ein altes aber reinliches Gepräge trägt der Markt. Beamte, Bürger, Gewerbe treibend, eine große Anzahl Salzarbeiter bewohnen denselben."

Das war also Erzherzog Johanns Aussee, noch lange nicht Kurort, schon gar nicht Bad. Der Friedhof umgab noch die Kirche, die Staße ins Ennstal führte über den Radlingpaß, das Zentrum des Marktes war die Saline. Aber jener kleine Platz bei der Spitalskirche, der heute aus guten Gründen Meranplatz heißt, sah im wesentlichen schon so aus wie heute. Auch die Gegend zwischen Gößl und Toplitzsee, wo den Erzherzog ein zärtlicher Schicksalsschlag treffen sollte, hat sich nicht sehr verändert, sieht man von den paar Löchern ab, die rabiate Nazis in die Gößler Wand geschossen haben, und von den Scharen der Touristen, die mit scheuer Neugier auf die schweigende schwarze Seefläche starren: Aber das Ungeheuer von Loch Toplitz läßt auf sich warten.

Den Erzherzog ließen damals solche Sensationen völlig kalt: „Das Bild schließen am Ende des Sees von Wiesen umgeben, zwischen Bäumen die Häuser von Gößl. Es lieget über dieser Gegend eine Ruhe, die jeden, welcher Gefühl für die großartige Natur hat, ansprechen muß. Durch die Wiesen von Gößl gelanget man zu einem Walde, und wenn man denselben am Fuße der nördlich gelegenen Gößlwand zurückgelegt hat, so öffnet sich zwischen mit Wald bewachsenen Felsenwänden der eingeschloßene lange Toplitzsee. Einsam und abgelegen ist diese Gegend, keinen Laut vernimmt man hier, die Stille wird nur durch das Rauschen des Falles des Vodernbaches, der durch die Axt des Holzknechtes gefällten Bäume oder des Knalles einer Büchse unterbrochen."
Hier mußte es also geschehen. Entschlossen, diesen Urknall der Gefühle nachzuempfinden, nähert sich der Wanderer dem schlichten Gedenkstein am Seeufer. Erste Erkenntnis: Auch Steinmetze können irren. 19. July 1819 steht da geschrieben, es war aber der 22. August 1819, als der Erzherzog, vom Kammersee kommend, vier weiße Flecke am Ufer erspähte, fast wie aufgehängte Wäsche. Ein vermeintliches Wäschestück stellte sich wenig später als die fünfzehneinhalbjährige Anna Plochl heraus, die anderen drei waren ihre munteren Gefährtinnen. Man darf unterstellen, daß der Erzherzog nicht recht bei der Sache war, als man ihm später die kleine Gößler Kirche zeigte. Schon eher dürfte die kurze, romantische Schiffsfahrt zum Gasthaus Ladner ins Bild seiner Gefühle gepaßt haben. Ein Erinnerungsstück an diese Fahrt, die hölzerne Galionsfigur, einen Drachenkopf mit fliegendem Adler darstellend, ist noch heute im Ausseer Meranhaus zu finden. Jedenfalls nahm der Erzherzog samt Gesellschaft im Gasthof Ladner Quartier, Musikanten spielten

auf, aber es war nichts Rechtes, so ganz ohne Anna Plochl, die keusch in Gaiswinkel übernachtete. Tags darauf gab es ein frustrierend kurzes Wiedersehen, und Erzherzog Johann reiste gedankenschwer gen Gröbming. Nach einem sehr langen Jahr kam er endlich wieder, begab sich heiteren Sinnes ans Traunufer in den Neuper-Prater und näherte sich dann mit spielerischer Beiläufigkeit dem Grundlsee und dem Gasthaus Ladner. Wie der Zufall so spielt, saßen dort sechs Mädchen, frisch wie betaute Blüten, und eine von ihnen war Anna Plochl. Der hohe Herr reiste zwar bald wieder ab, doch das Postmeisterstöchterlein reiste in seinen Gedanken mit, und so kam es, daß seine Besuche im Ausseerland in geradezu inflationärer Weise zunahmen. Bedenkt man die unbestrittenen Verdienste, die Aussee und seine Bewohner beim Zustandekommen dieser Verbindung auf sich gehäuft haben, ist es kaum verzeihlich, daß Erzherzog Johann die entscheidende Willensäußerung in einer völlig undramatischen Szenerie und noch dazu außerhalb des Ausseerlandes tat, nämlich nahe der Ennsbrücke zwischen Irdning und Trautenfels. Zu seinen Gunsten könnte man allerdings einwenden, dieser weitblickende Mann habe den Ausseern damit einen weiteren Anziehungspunkt für Fremdenverkehrsströme ersparen wollen. Wie auch immer: Am 9. August 1822 faßte er sein Gegenüber sanft und bestimmt in Auge, wobei er sagte: „Nanni, ich lasse nicht von Ihnen!“ Das tat er wirklich nicht, auch wenn Kaiser Franz dermaßen unwirsch der Hochzeit zustimmte, daß die Zusage einer Ablehnung gleichkam, und auch dieses grollende Einverständnis später zurückzog. Der Erzherzog wischte aber endlich alle Bedenken, ob bürgerlich, ob kaiserlich, ob kirchlich, vom Tisch und nahm seine Anna als Wirtschafterin zu sich. Vater Plochl,

Wer es wie Erzherzog Johann versteht, das typische Ausseer Boot, die „Plätte“, zu rudern, hat die erste Aufnahmsprüfung schon bestanden.

als Postmeister mit schwierigen Fahrten vertraut, kutschierte seine Tochter durch ein düsteres Novembergewitter nach Vordernberg, und als der Frühling ins Land zog, übergab der Erzherzog seiner Anna auch die Führung des Brandhofes. Dort leistete ihr dann auch eine treue Ausseer Freundin, Elisabeth Baumgartner, vulgo Sixt Lies, Gesellschaft: ein lebendiges Stück Heimat als seelische Wegzehrung. Endlich, 1829, entrang sich der Kaiser angesichts der Tatsachen einen diesmal wohlwollenden Entschluß, wenn auch dessen Formulierung, „der Sache durch des Priesters Segen ein Ende zu machen“, nicht eben euphorisch klingt. Nun war also Anna Plochl Mitglied der Allerhöchsten Familie, und so ernannte sie Kaiser Franz zur „Freifrau von Brandhofen“; Kaiser Franz Joseph machte später die einstige Bürgerstochter sogar

zur „Gräfin von Meran“. 1839 kam ihr einziges Kind, Franz Graf von Meran, zur Welt, und die Familie Meran ist dem Ausseerland seitdem treu geblieben.
Für Erzherzog Johann war Aussee zeitlebens ein Teil seiner selbst. Noch 1852, siebzig Jahre alt, bestieg er in Begleitung seines Sohnes den Loser. Sieben Jahre später starb der große Freund des Ausseerlandes in Graz an einer Lungenentzündung. Gräfin Anna von Meran kehrte nach seinem Tod Jahr für Jahr den Sommer über in ihr Ausseer Geburtshaus zurück, in dem sie 1885 starb. Die Trauerfeierlichkeiten, die Einsegnung in der Pfarrkirche, die glanzvolle Überführung nach Schloß Schenna bei Meran waren ein großartiges Schauspiel für die Ausseer, aber sie ließen ihre gräfliche Postmeisterstochter ja doch nur ungern für immer ziehen . . .

SCHON WIEDER: DIE FREMDEN

Als Erherzog Johann Aussee kennenlernte, stand die Saline im Zentrum des Marktes; ein paar Adelige verlustierten sich in den Wäldern und an den Seen. Als Anna Plochl, nunmehr Gräfin Meran, starb, war Aussee längst zum Kurort erkärt worden; an der Stelle der alten Saline grünte ein Park, und durch die Koppenschlucht dampfte die Eisenbahn. Innerhalb weniger Jahrzehnte war zu jenem Ausseerland, das über Jahrhunderte ruhig und ohne wirklich wesentliche Veränderung der Salzerzeugung gedient hatte, das Ausseerland des Fremdenverkehrs gekommen. Diese neue, seltsam leichte und faszinierend fremde Identität vertrug sich durchaus mit dem angestammten Selbstverständnis, wohl auch, weil die beiden Welten einander nur flüchtig berührten.
Zu Anfang des 19. Jahrhunderts hatte das Ausseerland damit begonnen, sich zögernd der Welt ringsum zuzuwenden, ermutigt von ersten freundlichen Gästen, die meist auch noch den Vorzug hatten, reich und einigermaßen berühmt zu sein. Es regte sich sogar unter den Ausseern eine gewisse Reiselust, obwohl es doch früher nie der Brauch gewesen war, den heimatlichen Talkessel zu verlassen, es sei denn, man wurde zu den Soldaten gerufen oder folgte als treuer Diener seines Herrn den seltsamsten kaiserlichen Vorhaben. 1775 zum Beispiel sammelte ein k.k. Waldmeister im Salzkammergut Holzknechte ein und verfrachtete sie kurzerhand in die Kar-

Kurgäste, die sich schwärmerisch an den Busen der Natur drückten, waren den Ausseern anfangs sehr fremd. Ein wenig fremd sind sie noch immer.

paten. Dort fanden die wackeren Auswanderer Verhältnisse vor, die ihnen irgendwie vertraut waren: ein enges Gebirgstal, Wälder und Salzbergbau. Ein Dorf, Deutsch-Mokra, wurde gegründet, und noch bis in die jüngste Vergangenheit erklangen dort Lieder und Holzknechtrufe, wie sie ausseerischer nicht sein könnten. Trotzdem blieb das Salzkammergut eine Welt, die normalerweise sich selbst genügte, und sogar das übrige Österreich war so gut wie Ausland. Aber als dann Adelige und großbürgerliche Schöngeister in die Ausseer Tracht schlüpften und sich alle Mühe gaben, ein wenig zu den Ausseern zu gehören, bestärkten sie diese auch in der Überzeugung, es sei eigentlich nicht notwendig, sich vor aller Welt zu verstecken. Musikanten reisten mit ihren Gönnern zu den glanzvollsten Adressen, und der Sohn des Postmeisters Pollhammer ging, wie oben erwähnt, studienhalber nach

Wien, machte k.k. Karriere und war als Schriftsteller mit Grillparzer und Bauernfeld eng vertraut.
Für die meisten Ausseer mag diese Annäherung an den irrlichternden Glanz der Kaiserstadt ein exotisches, kaum vorstellbares Abenteuer gewesen sein, doch andererseits hatte man es schon immer verstanden, Ernst und Spiel, Arbeit und Volkskultur, Vordergründiges und Hintergründiges zu verbinden. Und im Grunde genommen war der feine Salon in Wien ebenso Bühne wie der Tanzboden in Gößl, nur die Kulissen waren anders.
Übrigens gab es damals auch in der Saline Leute, die dem Salz sehr wohl eine weitere Dimension hinzuzufügen wußten. Jener Franz von Schwind, den seine Pfannhauser so mochten, daß sie darauf verzichteten, das Revolutionsjahr 1848 zur Kenntnis zu nehmen, war der Bruder des Malers Moritz von Schwind. Dieser kam auch hin und wieder zu Besuch und soll angeblich sogar den Pinsel gezückt haben, um den Kammerhof mit einer Quellennymphe zu schmücken. Ob es sich bei dem heute nicht mehr sichtbaren feuchten Fräulein nun um ein rüde übertünchtes Gemälde oder eine zart ersonnene Legende handelt, hat nicht viel zu sagen: Geträumte Nymphen sind ohnedies die schönsten. Fest steht, daß Franz von Schwind einen Mann als Hüttenmeister beschäftigte, der ebenfalls auf einen berühmten Verwandten stolz sein konnte und selbst bemerkenswerte Talente besaß: Eduard Feuchtersleben war der Halbbruder des Arztes und Schriftstellers Ernst von Feuchtersleben. Als Nikolaus Lenau wieder einmal verhangenen Blickes und, in republikanischem Feuer lodernd, jeder „Erherzogerei" abhold, durch Aussee streifte, bewegte ihn die anregende Gesellschaft des Hüttenmeisters zu einer freundlichen Anmerkung: „Eduard Feuchtersleben war viel mit mir; ein

äußerst origineller und ergötzlicher Kautz.“ Bauernfeld, auch alles andere als untertänig gesinnt, gönnte ihm sogar eine differenzierte Würdigung: „Eduard Feuchtersleben ist immer spielend, witzelnd, schreibt kleine Lustspiele und ist immer verliebt, trotz seines Buckels.“ Auch ein anderer Hüttenverwalter, Gustav Adolf Ritter, war von gut gelaunter Kreativität. Sein Vater war mit Erzherzog Johann durch das Tote Gebirge gestreift, der Sohn erheiterte die verwitwete Gräfin Meran mit satirischen Zeichnungen und zielsicheren Karikaturen.

Kultur und Saline bildeten also durchaus keine Gegensätze und Kur und Saline erst recht nicht. Noch bevor Aussee offiziell zum Kurort wurde, war das Kaiser-Ferdinands-Sudhaus im Ortszentrum so nebenbei auch schon eine Kuranstalt. Tapfere Gäste wallten zwischen Sudpfannen auf „Dampfpromenaden“ ihrer Wege, fast, als wär's in Caorle. Jenseits des Pötschen, im nahen Ischl, hatte sich angesichts kaiserlicher Präsenz längst bemühte Eleganz ausgebreitet; in Aussee bewegten sich die Dinge anders: langsamer, vorsichtiger, obwohl es jedem nur recht sein konnte, wenn Geld ins Land kam. Außerdem entwickelte sich der Fremdenverkehr in den verschiedenen Regionen des Ausseerlandes ganz so, wie es ihrer individuellen Prägung entsprach: Der Markt Aussee, Standort der Saline, wurde allmählich zu einem gediegenen, doch nicht ungemütlich luxuriösen Kurort umgebaut, in Altaussee und Grundlsee errichteten Adelige und Künstler ihre Zweitwohnsitze, und in deren anregendem Schatten entstanden anmutige Schauplätze für die klassische Sommerfrische. Jeder See hatte seinen Stammadel: In Altaussee war kein geringerer als Chlodwig Fürst zu Hohenlohe-Schillingsfürst Jagdpächter, in Grundlsee hatte Ferdinand Fürst Kinsky die Fischerei gepachtet. Gleichzeitig begann

Tarif

für Fahrten auf dem Grundl- und Toplitzsee

gültig seit 1. Mai 1873.

		Schiffleute zwei	drei	vier
Vom Hause des Fischmeisters	zum Schrammel oder nach Au	—.80	1.10	1.40
	nach Gaiswinkel oder Echo am Ressen	1.15	1.55	1.95
	zum Ladner oder Wienern	1.50	2.—	2.50
	nach Gössl	2.20	3.—	3.80
	zu den drei Seen	3.10	4.20	5.30
Vom Gasthaus Schrammel	zurück zum Fischmeister	—.80	1.10	1.40
	nach Gaiswinkel oder Echo am Ressen	1.20	1.60	2.—
	zum Ladner oder Wienern	1.50	2.—	2.50
	nach Gössl	1.80	2.40	3.—
	zu den drei Seen	2.70	3.60	4.50
Vom Veit in Gössl zum Toplitz- und Kammersee		1.50	2.10	2.70

Promenadefahrt auf dem Grundlsee:
Für einen Schiffmann per Stunde . . . . 40 kr.
Für Schiffbenützung . . . . 30 „
Die übliche Wartezeit ist 1 Stunde, für jede weitere Stunde 15 „
per Schiffmann.

Ferdinand Amon, Fischmeister.
Albin Schrammel, Gastwirth.
Mathias Köberl vulgo Veit, Gastwirth in Gössl.

Mit Tarifen aller Art war das kaiserliche Kammergut seit jeher vertraut. Nach den Salzfuhrleuten wurden nun eben die Fremden zur Kasse gebeten.

etwas zu reifen, das zu den großen Seltsamkeiten im Lande Österreich zählt: die Verbindung scheinbar unvereinbarer Gegensätze in einer selbstverständlichen Harmonie, die nichts Harmloses oder Sanftmütiges an sich hat und die sogar Blitz und Donner mit einschließt. Auf den ersten Blick scheint das seltsame Nebeneinander und Durcheinander von Kaisertreuen und Freigeistern, von Rechten und Linken, von Frommen und Gottlosen, von Juden und Christen, von Künstlern und Dilettanten, von Ehrenmännern und windigen Existenzen kaum erklärlich, und doch ist diese von der üblichen Realität deutlich abgehobene Kunstwelt nichts anderes als das Spiegelbild jenes Ausseerlandes, dessen Bewohner und Verwalter ein paar hundert Jahre lang Zeit hatten, zu lernen, wie man miteinander auskommt, weil man nur miteinander durchkommt: Das Ausseer Klima ist offensichtlich auch pädagogisch wirksam. Jedenfalls galt es in diesem Sinne auch das böse Jahr 1848 zu bestehen, und wer will, kann eine zukunftsträchtige Symbolik aus der Tatsache ableiten, daß die Freudenfeuer, die zum Regierungsantritt von Kaiser Franz Joseph nicht allzu freudig angezündet wurden, einen Waldbrand verursachten.

Aber wenige Jahre später war Aussee auf dem besten Wege in eine noble Zukunft. Die Badeanstalt Vitzthum wurde immer leistungsfähiger und eleganter, das Hotel Hackinger (das spätere „Kaiser von Österreich") leistete sich ein zweites Stockwerk, es gab nicht weniger als 24 Wirtshäuser und eine Kaffeewirtschaft. 1858 wurde endlich auch das Ausseer Nachtleben ins rechte Licht gerückt: In dreizehn Laternen flackerten Öllampen. Der neugegründete Verschönerungsverein legte Promenaden an, und dort, wo früher die Saline ihre hölzernen Röhren gelagert hatte, wurden als Vorboten eines künftigen Kurparks Kastanien gepflanzt. 1866 erklang schon das erste Kurkonzert, von Altausseer Musikern intoniert, und ein Jahr später kehrte der Markt sein Innerstes nach außen: Das Kaiser-Ferdinands-Sudwerk wurde stillgelegt, abgerissen, und auf seinen Grundmauern entstand das Ausseer Kurhaus. Jetzt war auch Platz für einen Kurpark, und jetzt war es auch an der Zeit, den offiziellen Ehrentitel

Das 1869 errichtete Badehotel Elisabeth ist heute ein Schülerinnenheim. Im Sommer aber wohnen die Nachfahren ehemaliger k. k. Offiziere darin.

„Kurort“ zu führen, was mit der angenehmen Begleiterscheinung verbunden war, daß der Markt von nun an von seinen Gästen Kurtaxe kassieren durfte. Sanatorien und Kuranstalten wurden gebaut, und endlich gab es auch eine Straße nach Altaussee, zu deren Bewältigung man keine alpinistische Erfahrung brauchte, weil sie dem Tal der Traun folgte. Hans von Rebenburg griff tief in die Taschen seiner Spendierhosen und finanzierte den Bau der Kronprinz-Rudolf-Straße von Grundlsee nach Gößl. Auch die Verbindung des Ausseerlandes mit dem übrigen Österreich wurde energisch vorangetrieben, und die Bahnlinie durch den Koppen hatte ähnliche Auswirkungen, wie der Bau des Tunnels unter dem Ärmelkanal vielleicht einmal haben wird: Die Tür ins Ausseerland, erst fest verriegelt, dann einen Spalt breit aufgetan, stand plötzlich weithin offen. Das Gmundner Wochenblatt berichtete über das Ereignis: „Immer in starker Steigung bis zu 1/40 (durch den Koppen), ein Gefälle, das jenes der Semmering-Bahn erreicht, erblickt man nach einer ziemlich starken Curve, die Station Aussee; – daß hier ein besonders festlicher Empfang dem Eröffnungszug der Salzkammergutbahn bereitet wurde, versteht sich wohl von selbst; die Bergmusik intonierte einen Festmarsch, und jubelnd wurde der herankommende Zug von der am Peron versammelten Menschenmenge begrüßt. – Aussee, das bisher vermöge seiner erschwerten Communikation von dem Verkehr beinahe abgeschlossen war, ist nun auch weniger bemittelten Sommerfrischlern zugängig gemacht. – Aussee, dieses Kleinod des österreichisch-steiermärkischen Salzkammergutes, besitzt nun eine Verkehrsader, welche neues Leben zwischen seine schönen Berge, Seen und Täler bringen wird. – Ich will nur noch erwähnen, daß abends in Hackingers Hotel ein gemütlich heiteres Fest den festlichen Tag schloß, dem nebst der Gemeindevertretung alle Honoratioren des Ortes und die Ingenieure verschiedener Sectionen beiwohnten und diese sich sogar bei einem eigens zu diesem Zweck ganz neu instrumentierten ‚Fatinitza-Festmarsch' beteiligten. – Wie immer bei solchen Gelegenheiten begrüßte der frühe Morgen die lustigen Zecher ..."

Der Bahnhof von Aussee hat trotz einiger Neuerungen sein usprüngliches Bild recht gut bewahrt, und er ist auch heute noch ein seltsames Stück Aussee: ein vorgeschobener Außenposten, dort, wo das Tal eng und finster wird und wo es auch immer etwas kälter ist als im übrigen Ausseerland, „einen Rock kälter", sagen die Einheimischen. Der Koppen ist noch immer mehr als ein Stück Weges, er macht den leichten Schritt von einer Welt in die andere möglich, wie man das aus Märchen kennt.

Seit der neue Kurort Aussee auch noch einen Bahnhof sein eigen nannte, gab es einen neuen Beruf im Lande: Dienstmann.

DIE POST IN DER SOLESTUBE

Dort, wo zwischen Kurhaus, Post und Kurpark die Straßen des Ausseerlandes ineinandermünden, wo im Kastaniengarten der Konditorei Lewandofsky irgendwann jeder jedem begegnet, ist der Gedanke an dampfende Salzpfannen nicht mehr am Platz. Wer aber weiß, daß 1883 das k.k. Post- und Telegraphenamt eine Heimstatt im alten Rastl-Dörrhaus fand, das heute vermutlich zu den großen Sehenswürdigkeiten von Aussee zählen würde, der hat doch wieder einen salzigen Geschmack auf der Zunge. Das alte Gemäuer war ein Salzmagazin gewesen, eine Solestube, eine Kaserne für die Salinenwache und endlich eine Verkaufsstelle für den Arbeiterkonsumverein, als auch im Ausseerland die Zeiten der Naturalentlohnung und der parteipolitischen Unschuld endgültig vorbei waren. Bis 1956 nistete dann die Post unter dem wuchtigen Satteldach. Schließlich, weil die Zeiten gar so neu, modern und fortschrittsgläubig waren und die alten Mauern nicht ganz trocken, räumte man das letzte Stück alter Salinenherrlichkeit vom Platz und stellte ein Bauwerk an seine Stelle, dessen architektonische Ausdruckskraft sich darin erschöpft, nichts auszudrükken.

Nicht viel besser erging es dem alten Hofkasten. Die Gemeinde erwarb das Gebäude von der Salinenverwaltung, dann griff die expandierende Ausseer Sparkasse zu und ließ das ärarische Fossil abreißen. Nur die Turmuhr

Durch Jahrhunderte bezogen die Salinenarbeiter ihren Naturallohn aus dem Hofkasten, bis dann die Sparkasse für bargeldlosen Zahlungsverkehr sorgte.

blieb erhalten und tickt seitdem in Grundlsee. So entstand auf dem Chlumeckyplatz, Aug in Aug mit den ältesten Häusern von Aussee, ein Talmi-Palais, ein Stück Wiener Ringstraßenarchitektur.

Ein anderes Salinengebäude im Zentrum des Marktes wurde 1912 abgetragen. Das wehrhafte Gemäuer am Ufer der Altausseer Traun war ursprünglich Pflegeamt der Herrschaft Pflindsberg, dann wurde es zu einem Wohnhaus umgebaut, und später zog die k.k. Finanzwache, von den Ausseern schaudernd „Tazer" genannt, ein. Das neue Gebäude hat einfachheitshalber den Namen „Tazerburg" behalten. Daß heute die Sparkasse darin residiert, hat damit natürlich nichts zu tun. Hier geht es zwar auch um Geld, aber man muß nicht darum fürchten.

Zurück zum jungen Kurort Aussee: 1888 wurde er gar zum „Terrain-Kurort nach Örttelschem System“: Die p.t. Kurgäste waren somit eingeladen, sich auf penibel markierten und nach Länge und Steigung gekennzeichneten Wegen exaktest zu ergehen. Ein Jahr später wurde das „märktische Badehaus“, eröffnet. Der schon erwähnte italienische Baumeister Max Cordignano – so einen hielt man sich eben, als aufstrebender Kurort – baute dieses Kurmittelhaus, das heute leer und trotzdem eindrucksvoll herumsteht und auf Ideen wartet, während hinter dem Kammerhof ein modernes Kurzentrum die salzigen Fluten plätschern läßt.

Daß Aussee als Kurort nicht mehr ganz so beunruhigend neu war, sondern sogar schon so etwas wie Tradition aufzuweisen hatte, bewies der allererste Kurgast, Gustav Freiherr Sala auf Stolberg, der, hochbetagt und eigentlich noch immer bei bester Gesundheit, Aussee die Ehre antat, hier zu versterben. Dann faßten sich die Herren des Verschönerungsvereins ein Herz und setzten eine Tat, deren Kühnheit jeder ermessen kann, der mit dem Ausseer Wetter einigermaßen vertraut ist: sie ließen im Kurpark ein Wetterhäuschen errichten. Notwendig war dieser Schritt schon, denn die täglichen Wetternachrichten waren bislang Ferndiagnosen aus Bregenz gewesen. Andererseits: Wer die blau-gläserne Kostbarkeit der Ausseer Sonnentage kennt, ihre farbentrunkene Opulenz und unverschämte Heiterkeit, kann auch das kryptische Gefühl nicht leugnen, das einen befällt, wenn sich über dem Dachstein erst einmal harmlos ein paar Wolken versammeln, sich wenig später freundliche Wattebäusche ins Blau des Himmels schieben, unversehens zu dunklen Mollusken werden, die sich dann ineinander verweben und verlieren, Himmel, Kopf und Seele mit Grau erfüllen

und schließlich ein Regen einsetzt, der an Beständigkeit nichts zu wünschen übrigläßt. Aber dieser Regen wurde von den zahlreich in Aussee weilenden Dichtern und Philosophen leichthin in ein schöpferisches Stimulans umgedeutet. So notierte Daniel Spitzer 1878 in seinen „Wiener Spaziergängen“: „Ich merkte sofort, daß Aussee ein Climatischer Curort sei, denn es hörte garnicht zu regnen auf. Doch störte der Regen nicht die gute Laune der Fremden, da noch keine solchen eingetroffen waren. Nur im Curhause fand ich neun Herren, die dort Schutz gegen die Unbilden der Witterung gesucht hatten und bemüht waren, sich die Zeit durch gemeinschaftliches Musicieren zu vertreiben. Es war die Curcapelle. Der Trauermarsch, den sie spielte, war ein Walzer von Johann Strauß; so wenig läßt eine edle Schwermuth selbst unter einer heiteren Außenseite sich verbergen . . .“
Trotz Wetterhäuschen und der damit verbundenen kühnen klimatischen Transparenz konnte Aussee 1899 die Rekordzahl von 11.002 Gästen verbuchen. Damals gab es bereits elektrisches Licht in den Ausseer Geschäften und in besseren Villen. Acht Jahre zuvor hatte die neugegründete Elektrizitätsgesellschaft ein Kraftwerk an die Stelle einer alten Hackenschmiede am Traunufer gebaut. So kommt es, daß sich Aussee noch heute eigenbrötlerisch mit hausgemachter Energie versorgt und dem Verbundnetz bloß mit beleidigender Beiläufigkeit angehört.
Natürlich gab es zur Jahrhundertwende auch schon ein informatives Druckwerk, das mit ordinärer Reklame nichts zu tun haben wollte und sich daher „Offizieller Prospekt des Kurortes Aussee“ nannte. Stolz wurde auf das neue Kurtheater an der Bahnhofstraße hingewiesen, aus dem später ein Kino wurde, das erst in jüngster Vergangenheit der Gewerkschaftsbewegung zum Opfer

fiel. Neben autorisierten Fremdenführern wurden auch Sesselträger angeboten: Sie hatten ihren Standort am Kurhausplatz und ermöglichten es besseren Leuten, zu festen Tarifen im Sitzen zu wandern. Leicht war ihre Arbeit nicht, aber ein einziger guter Auftrag, wie etwa ein Ausflug zur Ruine Pflindsberg, brachte den Wochenlohn eines Salinenarbeiters ein. Im Lesesalon des Kurhauses (elektrisch beleuchtet, versteht sich) wartete „eine große Anzahl deutscher, französischer, englischer, russischer, italienischer und ungarischer Zeitungen politischen und belletristischen Inhaltes, Illustrierte und Witz-Blätter, Kur- und Fremdenlisten aller größeren Bäder". Neben dem katholischen und dem evangelischen Gottesdienst gab es noch einen israelitischen, der im „Restaurant Sonnenschein" abgehalten wurde. Auch wurden dem anspruchsvollen Badegast größte Sorgfalt und Hygiene zugesichert: „Nach jedem Bade wird das Badezimmer gelüftet und gereinigt, die Wanne ganz geleert und gesäubert, in Gegenwart des Badegastes gefüllt, der Badezusatz mittels Meßapparat gemessen und beigemengt, endlich die Temperatur mittels Thermometer genau bestimmt.

In jeder Badekabine befindet sich ein elektrischer Glokkenzug zum Herbeirufen der Dienerschaft."

Unter diesen Umständen war der Ruhm von Aussee als Kurort nicht mehr aufzuhalten. Das ultimative Attribut „Bad" ließ allerdings noch auf sich warten. Erst 1911 war es so weit, und die Ausseer und ihre Gäste vergaßen in ihrem freudigen Erschrecken gleich einmal die angestammte Aussprache des Ortsnamens, in der *Au*ssee auf der ersten Silbe betont wurde. Bad Auss*ee* hieß es förderhin. Drei Jahre später brach der Weltkrieg aus, und da kam es auf Stil und Nuancen ohnedies nicht mehr an.

Selbst in der extremen Dienstbarkeit des Sesseltragens bleibt eine gewisse knorrige Würde erkennbar. Die Komik findet eher im Sitzen statt.

JEDEM SEIN HAUS

Da sehr lange Zeit in Aussee alles seine Ordnung hatte und es dazu keinen Grund gab, diese Ordnung zu ändern, prägen auch heute, wo eigentlich jeder darf, wie er will, die alten Strukturen den Ort. Am Hauptplatz, wo noch vor wenig mehr als hundert Jahren die Gebäude der Saline standen, bestimmt die Architektur des Kurortes das Bild; nur die Autos passen nicht dazu. Ein Stockwerk höher, auf dem Chlumeckyplatz, wandeln die Geister der alten Salzverweser, wechseln zwischendurch mit den Schatten der verwehten Neuper-Bierdynastie ein paar schweigende Grüße und strafen das neureiche Gebäude gegenüber mit Verachtung. Hauptstraße und Kirchengasse, dem alten Weg über den Radling zu, erzählen von selbstbewußten Bürgern und reichen Händlern, von tätiger Frömmigkeit und postalischem Eifer. Allerdings hat die neuere Geschichte der ehrwürdigen Pracht ziemlich zugesetzt: Das alte Hotel „Kaiser von Österreich", in den letzten Jahrzehnten von abenteuerlichen Turbulenzen geschüttelt, ist auf dem Weg in die Niederungen ruinöser Bedeutungslosigkeit in halber Höhe schweben geblieben. Den kaiserlichen Gästen sind Appartementbesitzer gefolgt, und an der Stelle des ehrfurchtgebietenden Hotelportiers sitzt die immerhin auch mit einiger Autorität ausgestattete Kassiererin eines Supermarktes. Das Hotel „Post" wird seiner stolzen Tradition nur noch dem Namen nach gerecht, und ein paar Schritte weiter, dort, wo

Die bis heute erkennbaren alten Strukturen des Ortes wuchsen in Jahrhunderten; der Kurort Aussee entstand dann allerdings innerhalb weniger Jahre.

die Steigung der alten Salzstraße energisch zunimmt, träumt im Schatten der Pfarrkirche ein reich geschmücktes Denkmal bürgerlicher Prachtentfaltung den vorletzten Traum. Das Podenhaus (Nr. 28) ist Jahrhunderte alt. Ein Ausseer Bürger erwarb es im Jahre 1501 von einem Priester, dann folgten Bäckersfamilien und ein wohlhabendes Handelshaus, das auch im Besitz der Kirchenmühle war. Endlich gab die Kaufmannsfamile Poden dem großen Haus seine heutige Gestalt, mit künstlerisch ausgeschmückten Fassaden und geschwungenen Fensterbekrönungen unter dem hohen Walmdach. Im Erdgeschoß schiebt sich ein Vordach aus Kupferblech über das alte Ladentor, hinter dem die dunklen Gewölbe des ehemaligen Handelsunternehmens liegen. Noch in den fünfziger Jahren stand das alte Tor offen, und aus dem ehrwürdigen Dunkel drang der Geruch von Obst und Gewürzen. Der Reichtum ist im Podenhaus nicht mehr daheim, die Würde ist geblieben, doch sie zerbricht langsam, zer-

bröckelt und verblaßt. Vielleicht ist ein schöner Tod einer nützlich begradigten Zukunft vorzuziehen, vielleicht geschieht auch ein Wunder, und irgendein Prinz küßt die schlafende Schönheit wach, ohne ihr Gewalt anzutun.
Natürlich hat die Vergangenheit auch Gesichter, die weniger traurig stimmen. Das ehrwürdige Gasthaus „Zur Blauen Traube" öffnet die runden, frisch getünchten Gewölbe einladend seinen Besuchern, das Meranhaus steht mit seiner noblen, lebendigen Beständigkeit allen süßlichen Dreigroschen-Geschichten um Erzherzog Johann und Anna Plochl ruhig gegenüber, die kleine Spitalskirche zeigt wie ein dunkler, geheimnisvoller Findling aus den Mittelalter himmelwärts, und an der Mautbrücke steht wie eh und je das prächtige Gebäude des Gasthofs „Weißes Rössl". Der mächtige Salzverweser Hans Herzheimer hat hier gewohnt, und eine Tafel aus rotem Marmor, über der Haustür eingemauert, besagt: „Der römische König Maximilian, ausgestattet mit kaiserlicher Majestät, hat mich, Johannes Herzheimer, der von ihm aus Freundschaft mit diesem Haus beschenkt worden ist, freundlich in gleichem Sinn durch einen Brief geschützt im Jahre des Herrn 1507."
Wer vom Hauptplatz aus der Ischler Straße folgt, wandelt auf den Spuren der Pfannhauser. Als ihre Arbeitsplätze noch im Ortszentrum lagen, war es natürlich vorteilhaft, gleich nebenan zu wohnen. Also entstanden Häuser, die jeweils zwei Familien gehörten; eine hölzerne Freitreppe auf der Hofseite verband das Erdgeschoß mit dem ersten Stock. Den nicht allzu reinlichen Tatsachen entsprechend, hieß die heutige Ischler Straße damals noch Kotgasse. 1742 brannte dann die Saline lichterloh, und viele Arbeiter verloren ihre Häuser. Nachdem sie, vom Salzamt kaum unterstützt, deren Neubau geschafft hatten, war es

auch Zeit für eine freundlichere Bezeichnung: Neugasse. Endlich wurde die Saline zur Gänze nach Unterkainisch, in die Nähe des Bahnhofs, verlegt, und der neue Kurort Aussee begann sich mehr und mehr herauszuputzen. Auch war der Weg über den Pötschenpaß nicht mehr gar so beschwerlich, also orientierte man sich am näher gerückten Kaiserstädtchen und schuf die nunmehr so überaus geschäftstüchtige Ischler Straße.
Die Straße vom Hauptplatz nach Unterkainisch und zum Bahnhof hatte lange Zeit nur die Sudpfannen zum Ziel – der Weg nach Mitterndorf führte ja über den Radlingpaß, und der Koppenpaß nach Obertraun und Hallstatt war noch vor wenigen Jahrzehnten nur für eher abenteuerlustige Reisende geeignet. Als es dann im nicht mehr so einschichtigen Ausseerland die stolze Bahnhofstraße und die freundliche Bahnhofpromenade gab, dazu noch eine neue Verbindung ins Ennstal, die Ödenseer Traun entlang, war Bad Aussee in einem Maße verkehrstechnisch erschlossen, das heutzutage den Gemeindevätern einiges Kopfzerbrechen macht. Die Salinenarbeiter waren jedenfalls ihren neuen Arbeitsplätzen gefolgt und wohnten in deren Umgegebung; dort, wo die Bahnhofstraße mit der Beck-Brücke die Traun übersetzt, grenzten der Kurort und der Bereich der Saline aneinander. Am Beginn des 20. Jahrhunderts bekam Bad Aussee auf Allerhöchsten Wunsch sogar einen neuen Ortsteil verordnet: auf einem Plateau, hoch über der Traun, entstand in Eselsbach die „Kaiser-Franz-Josef-Jubiläums-Arbeiter-Kolonie“. Penibel, wie auf dem Reißbrett geplant, stehen adrette Häuschen dicht an dicht; vier Typen mit verschiedenen Grundrissen standen zur Auswahl. Die Verkaufsstelle des Konsumvereins in Eselsbach hat zwar weniger mit kaiserlichem Wohlwollen zu tun, steht aber

Häuser wie dieses wurden selten, als die Saline immer mehr Holz beanspruchte. Auch bei Bauernhäusern wurde später das Erdgeschoß gemauert.

klein, ehrbar und würdig als Denkmal einer Zeit da, in der die Ausseer Salinenarbeiter bei denkbar geringer Entlohnung die Metamorphose vom geduldigen Untertanen zum selbstbewußten Staatsbürger zu bewältigen hatten. 1960, als die Zeit der Ausseer Saline zu Ende ging, kamen die Häuser der „Kolonie" in Privateigentum, zahlreiche Umbauten veränderten ihren einheitlichen Stil, doch die besondere Atmosphäre dieses so überaus ordentlichen Teiles von Aussee ist noch immer lebendig. Dieser fleißigen, freundlich-betulichen Welt stehen mit großer, oft auch anmaßender Gebärde jene Villen gegenüber, die reiche Sommergäste an den Ortsrand stellten – natürlich in bester Lage. Viele Salinenarbeiter, wie auch die Knappen in Altaussee und die Forstleute in Grundlsee, bewohnten hölzerne Bauernhäuser, um mit einer kleinen

Landwirtschaft den mageren Verdienst aufzubessern. Später, als Holz knapp wurde, errichtete man wenigstens im Erdgeschoß Steinmauern. An der Vorderseite des Hauses gab es als Schleuse gegen Wind und Wetter einen kleinen, hölzernen Vorbau, das „Brückl". Gottlob sind solche Häuser noch überall zu finden, wenigstens abseits der tüchtigen Hauptstraßen. Da hocken sie dann braunweiß im Wiesengrün, das alte, sonnenwarme Holz wie ein gutes Gesicht.

Natürlich gibt es auch Häuser im Ausseerland, die hier nicht gewachsen sind. Kluge Leute üben sich mit Eifer in der Kunst, erst gar nicht hinzuschauen.

DIE VERANDA

Als die reichen, berühmten, allerdings nicht zwangsläufig auch schönen Leute ins Ausseerland kamen und ihre zeitgeschmäcklerischen Villen errichten ließen, waren die Ausseer weit davon entfernt, vor Ehrfurcht zu erstarren. Sie faßten die neuen Bauwerke interessiert und ein wenig mißtrauisch ins Auge, dachten sich Pomp und Theaterdonner weg und fanden endlich auch etwas, das ihnen imponierte. Die betuchten Sommergäste brachten eine schwärmerische Hinneigung zur Natur mit; also sollten sich ihre Villen leichthin der grünen Außenwelt öffnen, spielten Balkone und Veranden mit Licht und Sonne. Großartige Balkone an alte Häuser zu kleben, war wohl ein wenig kompliziert und auch nicht ganz passend, aber das „Brückl" durch eine einigermaßen geräumige Veranda zu ersetzen, war gut möglich. Damit war allerdings auch ein uraltes, strenges Gesetz gebrochen: das der Zweckmäßigkeit. Man konnte einer Veranda zwar nicht jeden praktischen Nutzen absprechen, doch im Grunde genommen war sie Luxus, ein spielerisches Universum, in schwebender Unbestimmtheit zwischen Außenwelt und Innenwelt gefügt. Auf solche Ideen konnte ein ernsthafter Bewohner des Ausseerlandes einfach erst kommen, nachdem er Gelegenheit gehabt hatte, Leute zu beobachten, die Häuser bauten, welche sie nicht wirklich brauchten, die Reisen unternahmen, welche nicht wirklich notwendig waren und die einen ganzen Sommer lang mit erstaunlicher Geschäftigkeit dem Nichtstun nachgingen. Da es sich noch dazu um offensichtlich erfolgreiche Leute handelte, mußte ihr eifriges Spiel mit schönen Nichtigkeiten ja doch irgendeinen halbwegs vernünftigen Zweck erfüllen. Die urbanen Existenzen waren ja auch von rührender Ergriffenheit, wenn sie die Ausseer Landschaft erleben durften, und sie öffneten Fenster und Türen ihrer seltsamen Villen, um euphorisch und leidenschaftlich Natur zu schauen, zu schmecken und zu riechen. Es war schon erfreulich, wenn einem diese Leute so überzeugend vor Augen führten, daß die eigene Heimat, deren Gestalt man bisher als selbstverständlich und von ziemlich mühseliger Unebenheit gesehen hatte, offensichtlich schön und liebenswert war. Jeglicher Überschwang ist den Ausseern allerdings verdächtig, und so reduzierten sie die theatralische Pracht der Villenvorbauten aus Holz und Glas auf den freundlichen Zauber eines Häuschens vor der Haustür und hielten darin nicht Zwiesprache mit der Majestät der Natur, sondern ließen sich die Sonne aufs Gesicht scheinen oder freuten sich über die Möglichkeit, im Regen zu sitzen und doch nicht naß zu werden.

Sobald die Veranden erst richtig an ihren Stammhäusern festgewachsen waren, wurden sie auch Mittler eines sanften Dialoges zwischen Haus und Garten. In der Veranda vermählt sich der Duft des Kaiserschmarrns mit dem Geruch von frischgemähtem Gras, treiben die Schatten von innen und die Lichter von außen ihr Spiel und mischen sich die Temperaturen. Da die Existenz der Veranda eine nicht gänzlich ernste, aber auch nicht völlig zufällige ist, hat sie auch Platz für Dinge, deren Wert sich jeder Definition entzieht. Bilder von zweifelhaftem künstlerischem Rang, aber von liebenswürdiger Ausdrucks-

Die neuen noblen Villen öffneten sich mit großer Geste der schönen Natur, und die Ausseer fanden eine bescheidene Antwort darauf: die Veranda.

kraft stören hier keinen, und das Mitbringsel eines Wiener Sommergastes – ein bemalter Gipshund – ist hier mit der gleichen Selbstverständlichkeit zu Hause wie die Büste des Kaisers aus demselben Material. Wie kein anderer Raum des Hauses wechselt die Veranda ihr Wesen im Spiel der Jahreszeiten. Den langen Winter über hat sie den Charakter einer Schutzhütte, die Wetter und Wind aussperrt, in der man in Ruhe den Schnee von den Schuhen klopfen kann, schon einen Hauch von der Wärme des Hauses verspürend. Wagt sich dann der Frühling ins Land, fängt ihn die Veranda ein, gibt ihm Schutz, wenn der Winter meuchlings zurückkehrt und verdichtet die blasse Sonne zur freundlichen Wärmespenderin, der man schon die Blumenstöcke anvertrauen darf. Den Sommer über findet dann die Veranda zu ihrer eigentlichen Be-

stimmung, wird heiter und wohnlich, ein Platz zum Zusammensitzen, wenn es einmal nichts anderes zu tun gibt, als es sich gutgehen zu lassen. Endlich, im Herbst, hält die Veranda noch eine kleine, schwebende Zeit den Sommer fest, bis sie dann einschläft, in jener behaglichen Melancholie, in der sich unmerklich die Schatten verdichten, bis sie dann als Boten der Dunkelheit ins Haus treten und den Kindern Angst machen.
Die reichen Leute mit ihren Villen mögen die Veranda ins Land gebracht haben. Den Ausseern blieb es vorbehalten, etwas Vernünftiges daraus zu machen.

WIRTSHÄUSER

Wer mit der Geographie des Ausseerlandes einigermaßen vertraut ist, der wird wissen, daß man in dieser Gegend eher ans Ziel kommt, wenn man kein bestimmtes Ziel vor Augen hat und daß die Welt gewöhnlich dort erst richtig anfängt, wo sie aufhört. So kann es geschehen, daß die Reise erst einmal zum Grundlsee führt, dann das Seeufer entlang bis ans Ende, wo Wald und Felsen einen freundlichen Wiesenwinkel umarmen, in dem ein sanftes, knorriges Dorf nistet: Gößl. Dort findet sich dann auch ein Wirtshaus, dem man eigentlich nicht zutraut, daß es je gebaut worden ist. Es muß ganz einfach irgendwann gewachsen sein, in ein paar unheiligen Nächten, die so unheilig dann doch nicht gewesen sein können, denn die Gößler sind gottesfürchtige Leute, und ihre winzig kleine Kirche haben sie selbst gebaut. Sehr groß sei sie ja nicht, merkte einmal ein Besucher vorsichtig an. „Schon möglich, daß nicht alle hineingehen", antwortete einer der Bauern bedächtig. „Aber wenn nicht alle hineingehen, gehen schon alle hinein." Das ist natürlich eine Übersetzung des unnachahmlichen Gößler Idioms, das immer zum Reden da war und nie zum Schreiben, also sollte man ihm Letzteres ersparen. So zwischendurch sei noch erwähnt, daß es in diesem erstaunlichen Dorf einen Friedensrichter gibt. Das Amt geht in den Gößler Familien reihum und sorgt dafür, daß sich nicht irgendwelche Ausländer in Disputationen einmischen, von denen sie

Die lange Geschichte des bescheiden-stolzen Gasthauses Veit kennt keine Brüche, und auch heute hat seine Vergangenheit Zukunft.

ohnehin keine Ahnung haben. So kommt es denn auch, daß seit Menschengedenken kein öffentliches Gericht in einer Gößler Angelegenheit zu tun hatte. Irgendwie muß das alles auch mit diesem Gasthaus, dem Gasthaus Veit, zusammenhängen, das schon deshalb so unlösbar mit der heimatlichen Erde verbunden ist, weil es auf Grundmauern verzichtet. Hier sollte auch auf den Umstand hingewiesen werden, daß dieses Gasthaus, wie viele alte Häuser im Ausseerland, seinen Namen nicht von der Familie hat, die es seit Generationen bewohnt, sondern im Gegenteil der Familie seinen Namen leiht, was zur Folge hat, daß etwa die legendäre Erzeugerin von deftigen Kasnocken und duftigen Almraungerln ebenso Hermine Veit wie auch Hermine Köberl heißt. Einerseits ist es nur gerecht, daß ein gewachsenes und gewordenes

Haus mit einem Hausnamen auch eine gewisse Eigenpersönlichkeit verliehen bekommt, andererseits kann es schon ein wenig kompliziert werden, wenn ein Lehrer einen Neuling erst einmal inquisitorisch befragen muß, wie er zu Hause heiße, wie er sich schreibe und wie man zu ihm sage. Jedenfalls geschah es schon 1886, daß sich im Bauernhof Veit eine Wirtsstube einnistete, als behaglich-dunkle Alternative zu dem Übermaß an frischer Luft ringsum. Vier Jahre später entdeckte dann die Familie Mautner das behagliche Haus und wohnte von da an Sommer für Sommer beim Veit. Die Eltern waren Wiener Großindustrielle, wohlhabend, gebildet und weltoffen; ihr Sohn Konrad wuchs demnach gleichermaßen in der Atmosphäre eleganter Salons wie auch in der bäuerlichen Welt von Gößl heran und geriet auf diese Weise zu einer Persönlichkeit, die sich von jenen Wienern, die, als Ausseer verkleidet, volkstümelnd vom einfachen Leben träumten, kräftig unterschied. Jedenfalls war das Sommergastspiel der vornehmen Familie Mautner samt Dienerschaft für die Gößler von unterhaltsamster Exotik, wobei jenem Klavier eine tragende Rolle zukam, das ganz offensichtlich als städtischer Kulturträger unentbehrlich war. Der Raum, der die Ehre hatte, es zu beherbergen, heißt heute noch Klavierzimmer – auch ohne Klavier.
Mehr und mehr begann sich Konrad Mautner für das Leben und Brauchtum in Gößl zu interessieren. Dabei legte er nicht die herablassende Neugier eines Hobbyforschers an den Tag, sondern jene aufmerksame Anteilnahme, die echte Zuneigung voraussetzt. 1914 schrieb er seinen ersten Brief an den bekannten Volkskulturforscher Viktor von Geramb, mit dem er später gemeinsam das „Steirische Trachtenbuch“ schuf. „Hochgeehrter Herr Dr. Von Geramb, Leider habe ich noch nicht den

Vorzug Ihrer persoenlichen Bekanntschaft, obwohl ich schon seit einigen Jahren den Wunsch hege, Sie kennen zu lernen . . . Ich bin seit 30 Jahren im Sommer, und wenn ich einige Tage frei habe, auch im Winter (Weihnachten, Neujahr, Khlöckltag, Pfingsten, Almtanz etc.) in Goessl am Grundlsee, wo mir die ganze alte und junge Bevoelkerung ein lieber Freund ist. Trotz des grossen Fremdenverkehrs und des bloedsinnigen Bad-Aussee-Stolzes der Ausseer Buriger und Kaufleute lebt ein großer Sinn fuer Tradition unter den Bauern, welche alles Alte, man muss sie erst darauffuehren, hoch halten. Tanz, Gesang, Jodeln (Luln), Singen und Påschn, Fenstern-gehn, alte Braeuche und Spiele sind auch heute noch in Bluethe und die Leute sind stolz darauf. Vor ein paar Jahren waren die heranwachsenden Buam ein bissl laut und toelpelhaft, sangen städtische Couplets und tanzten Polka und Galopp, gerade dieselben greifen aber jetzt (vielleicht zum Theil durch das lebhafte Interesse an alter Tradition, welches die mit mir aufgewachsene Generation in Gespraechen, Musikvorliebe, Schaetzung der alten Taenze und Pflege der selben an den Tag legte) ganz auf das alte zurueck, bringen die ganz alten Braeuche, Tänze und Weisen, ja theilweise moderner, wieder zu Ehren."
Konrad Mautner erwarb ein Haus am Grundlsee und eine Holzknechthütte in Gößl, war mit allen gut Freund, ohne sich anzubiedern und half, ohne viele Worte darum zu machen. Gab es in einer Gößler Familie einen Krankheitsfall, konnte jederzeit ein Arzt auf Kosten Mautners geholt werden. Als dann im Ersten Weltkrieg schlimme Zeiten für alle ausbrachen, unterstützte Mautner seine Freunde, die nun Soldaten waren. Er trug sogar die Kosten für ein Lazarett in den Karpaten. Längst war es ihm gelungen, in einer Ecke des Ausseerlandes heimisch zu

werden, in der man Fremden (und zu ihnen gehören eigentlich auch schon die Bad Ausseer) noch heute mit weiser Vorsicht und wohldosierter Zurückhaltung begegnet.

So ist der Veit in Gößl wie eh und je ein stolzes, bescheidenes Haus, das seine Gäste lehrt, sich in den rechten Maßstab zu fügen und ihnen die herzhafte Einsicht ermöglicht, daß es auch eine kulinarische Welt jenseits der Nouvelle cuisine gibt. Natürlich hat so ein Haus seit jeher entsprechende Freunde: Attila Hörbiger, Paula Wessely, Richard Eybner und Josef Kainz lassen grüßen. Einmal im Jahr gibt es im Veit übrigens Theater. Dann stehen die Bauersleute auf der Bühne, spielen sich selbst, und so mancher Mime, anderswo berühmt, findet sich in der Rolle des Zuschauers wieder.

Ein anderes Wirtshaus, dessen Vergangenheit nicht minder Zukunft hat, steht in Altaussee, duckt sich schmal und verschroben ins Grün, öffnet sich mit einer kleinen Veranda freundlich der Außenwelt und schiebt dann doch wieder spielerisch kleine Dächer zwischen Himmel und Kies. Der Schneiderwirt hat nichts von bäuerlicher Behäbigkeit, schon eher ist er von zierlichem Leichtsinn, obwohl seine Wurzeln sehr tief in den Altausseer Boden reichen. Er hat eine bescheidene, aber beachtliche Vorvergangenheit als schlichtes Wirtshaus für die hiesigen Bauern, Fischer und Bergleute, und er hat eine Vergangenheit, die sich in allerhöchsten Adelskreisen bewegt. So berichtet Johanna Gräfin zu Eltz: „Meine Großeltern Hohenlohe kamen in Jahre 1858, gelegentlich einer Jagd im Toten Gebirge, über Wildensee, in das durch Berge umschlossene Tal von Alt-Aussee. Sie waren in Begleitung des Prinzen Constantin zu Hohenlohe, des Flügeladjutanten des Kaisers Franz Josef, und des Grafen Wilczek,

des großen Kunstsammlers, bekannt durch den Wiederaufbau der Ruine Kreuzenstein bei Wien. Die Alt-Ausseer Alpenlandschaft, die so viel Schroffes und so viel Sanftes in sich schließt, entzückte sie. Aussee war damals ein stilles entlegenes Tal. Seine Bewohner waren genügsame Bergarbeiter, Holzfäller, Jäger und Kleinbauern. Fremdenverkehr gab es noch keinen. Meine Großeltern kauften das Schneiderwirtshaus und bauten es um. Bald gingen Gäste aus und ein. Sie waren von der Schönheit des Tales so begeistert, daß sie immer wieder kamen und andere mit sich zogen. Fürstin Marie Hohenlohe, meine Großmutter, für die Aussee ein Zuhause wurde, pachtete Jagdgebiete im Toten Gebirge. Sie errichtete ein Jägerhaus in der Seewiese, baute weitere in Wildensee, Schwarzenberg und Gschwand. Die Fürstin wurde von Jung und Alt geschätzt. Jeder konnte zu ihr kommen und sie half, wo sie nur konnte. Auch war sie eine ausgezeichnete Naturärztin und Homöopathin und behandelte viele Kranke.
Wie gerne beteiligte sie sich auch an den großen Hochzeiten der Bauern und Jäger und gab, zusammen mit meinem Vater, dem Grafen Schönborn, Tanzunterhaltungen beim Preßlwirt oder Fuchsbauern. Bis ins hohe Alter hinein tanzte sie, wie wir alle, Steirisch und Landler, mit Jägern und Bauern zu den Klängen einer ausgezeichneten Streichmusik, bei der sich besonders der Loitzlwirt Waldl durch mitreissenden Schwung hervortat."
Der damalige Besitzer des „Schneiderwirtes" aber kaufte sich einfach ein neues Wirtshaus, jenen „Schneiderwirt", der heute das heimliche Zentrum der Meinungsbildner in Aussee ist.
So geriet der kleine Schneiderwirt zu einer Keimzelle des Altausseer Fremdenverkehrs und bekam auch noch noble Verwandschaft. Als eines der Kinder des Fürsten Ho-

Hier war Erzherzog Johann oft zu Gast. Doch auf den Gedanken, ihn so richtig tüchtig zu vermarkten, ist man beim „Ladner" noch nicht gekommen.

henlohe-Schillingsfürst, Prinz Moriz, durchaus standesgemäß Prinzessin Rosa zu Salm-Reifferscheidt-Dyk ehelichte, bauten die Eltern dem jungen Paar ein schönes Herrenhaus, das von einem sanften Wiesenhang dicht an den steilen Wänden des Losers über den See schaut. Gräfin Rose-Marie Strassoldo residiert heute darin, und sie hat den Hubertushof in ein stilvolles Hotel verwandelt.

Die Familie Hohenlohe muß es sich allerdings gefallen lassen, daß ihrem ersten Besuch in Altaussee schon ein paar unternehmungslustige Herren zuvorgekommen waren. Auf Anraten eines Landschaftskenners besonderer Art, Adalbert Stifter, beschlossen die Freiherren von Zedlitz und von Binzer 1847, in Altaussee zu bauen. Christian von Zedlitz, ein patriotisch entflammter Dichter, häufte

nun also in Altaussee literarisch nicht allzu bedeutsame poetische Verdienste auf sein Haupt, sehr zum Mißvergnügen des Freidenkers Nikolaus Lenau, der ihm „speichelleckerisches Umherirren in den Salons der Großen" vorwarf. Besagtes Umherirren machte sich jedenfalls durch glänzende Kontakte bezahlt, und bald waren die Häuser der neuen Altausseer attraktive Bühnen für glanzvolle Begegnungen geworden. Adalbert Stifter reiste an, die Tänzerin Fanny Elßler, verboten schön und von wohldurchdachtem Leichtsinn, kam in Begleitung des Malers Moritz von Schwind, hohe Politiker und ihnen angenehme Journalisten machten so nebenher ein wenig Politik, und ein bergerfahrener Mann der Wissenschaft, der Geograph Friedrich Simony, bewies, daß seine Trittsicherheit nicht nur für den Dachstein, sondern auch fürs Parkett eines Salons galt.
Während aus der Villa des Freiherrn von Zedlitz später das Altausseer Parkhotel wurde, welches 1960 der Spitzhacke zum Opfer fiel, verlief die Geschichte des Schneiderwirtes weniger dramatisch, aber irgendwie vitaler, und vor allem: Sie ist noch nicht zu Ende. Ein unsteter Wechsel der Wirtsleute, die Jahrzehnte hindurch, konnte sein unbestritten leichtsinniges Wesen nur betonen, und heute ist es eigentlich ziemlich gleichgültig, wer in der Küche steht: Das Wirtshaus hat längst zu einer eigenen, übergeordneten Identität gefunden.
Damit geht es, der Traun nach, Bad Aussee zu. Hier sind die Wirtshäuser nicht bäuerlich, nicht adelig-verschroben, sondern bürgerlich, in der beständigsten Bedeutung des Wortes; fest gemauerte Trutzburgen, gefeit vor dem modischen Wandel der Zeiten. Da gibt es das Gasthaus „Goldener Hirsch", oben, auf dem Chlumeckyplatz. Von hier aus regierten die Salzverweser das Ausseerland und

gönnten sich einen durstlöschenden Mitregenten, die Bierbrauer-Dynastie Neuper, glänzend reich, eindrucksvoll tüchtig und durchaus überzeugend, was die Dramaturgie ihres Niederganges betraf. Das alte Brauhaus sitzt schwer und verwinkelt auf dem Steilhang zur Traun, schaut ein wenig abweisend in die Gegenwart und hat mit der Zukunft eigentlich wenig im Sinn. Ein paar Schritte tiefer badet das „Weiße Rössl" seine steinernen Mauern in der Traun. Dann geht der von ärarischen Abgaben nunmehr befreite Weg über die Mautbrücke, der alten Salzstraße nach, zum uralten Gasthof „Blaue Traube", einer wahren Burg des Bürgerstolzes. Man sagt den Bad Ausseer Wirtshäusern nach, daß sie keinen erkennbaren Ehrgeiz zeigen, den Wünschen der Gäste mit allzu beflissenem Eifer nachzueilen. Wer die Zeit in Jahrhunderten mißt, hat dazu auch wenig Anlaß.

DIE KIRCHEN

Der Mensch hungert und dürstet auf vielfache Weise. Gottlob läßt sich etwas dagegen unternehmen. Für Leib und Gemüt sorgen die Wirtshäuser, Schulen lassen die Köpfe nicht darben, und nicht zuletzt gibt es die Kirchen, auf daß den Seelen nicht der Magen knurre – wenn dieses kühne Bild gestattet ist.
Seit das Salz den Handel und Wandel im Ausseerland bestimmt, zeigen auch Kirchtürme mahnend himmelwärts. Schon mit den ersten bayerischen Siedlern war das Christentum ins Land gekommen, und im bedeutsamen Jahr 1147 entschloß sich „Ottokar, durch des Allerhöchsten Erbarmen und Zulassung Markgraf von Steier", das Kloster Rein mit etlichen Salzpfannen und Gütern zu beschenken. Eine beachtliche Menge von Zeugen wurde nach altem bayerischem Rechtsbrauch am „Ohr gezogen" und daraufhin urkundlich festgehalten, und der Salzburger Erzbischof stimmte auch noch energisch zu: „Ich Eberhard, durch Gottes Gnade Erzbischof von Salzburg. Gemäß der Mahnung des Völkerlehrers und Apostels Paulus, für alle Kirchen Sorge tragend, bekräftigen wir dieses Vermächtnis, das der Reuner Kirche vom Markgrafen übergeben wurde, mit unserem Siegel und bedrohen die Widersacher dieser Abmachung mit dem Banne." Im 12. Jahrhundert dürften auch die ersten Kirchenbauten in Altaussee und Aussee entstanden sein; eine wohltätige Unschärfe der schriftlichen Überliefe-

rung läßt die eitle Frage offen, welche der beiden Pfarrkirchen die ältere sei. Jedenfalls ist diesen Gotteshäusern gemeinsam, daß sie wie fromme Meilensteine den Weg des Salzes markieren, wie später auch die Salinenspitalskirche und St. Leonhard. Die Altausseer Pfarrkirche St. Ägyd läßt heute allerdings kaum noch Spuren ihrer romanischen, gotischen und barocken Vergangenheit erkennen. Mitte des 19. Jahrhunderts war das Gemäuer schon recht baufällig geworden; das Kaiserhaus investierte in sein Seelenheil und ließ die Kirche im neugotischen Stil umbauen. Für den Bilderschmuck sorgte unter anderen der bekannte Wiener Maler der Spätromantik, Leopold Kupelwieser. Trotz aller Überschwenglichkeit dieser Epoche ist aber aus der Altausseer Kirche nichts Unechtes geworden. Ernst und steingrau schaut sie über den See, längst auch erhaben über das Spiel der Veränderungen.

Die Ausseer Pfarrkirche St. Paul steht als beredtes Denkmal ihrer Baugeschichte leicht erhöht am Ortsrand: Mauerreste aus romanischer Zeit sind im Hauptschiff zu finden, Gotik prägt das Wesen des Bauwerkes, Barock setzt leise Akzente. Im 15. Jahrhundert entstanden die hohen Netzrippengewölbe und der mächtige Turm. Kaiser Friedrich III. spendete die 1700 kg schwere Glocke, von den Ausseern mit herzlicher Zuneigung „Kunigunde" genannt. Wer lange genug mit Engelszungen redet, darf sie vielleicht sogar besuchen; dann klettert er über steile Stiegen und nicht sehr vertrauenerweckende Leitern die Stockwerke des Turmes hoch und läßt endlich seine Fingerspitzen mit dem kühlen Leib der Glocke Zwiesprache halten: da gibt es St. Leonhard, mit seinem Attribut, den Ketten, einen Löwen, der mit dem Einhorn kämpft, die Wappenschilde des Römischen Reiches und des Hau-

Die Kirche St. Paul hielt schon immer auf noble Distanz: erst zur Residenz der Salzverweser und dann zum neuen, ein wenig unfrommen Zentrum des Kurortes.

ses Österreich, die Gottesmutter mit Kind, Märtyrerinnen und allerlei feierliche Inschriften. Auch wer angesichts des edlen Spenders nach etwas ganz Bestimmtem sucht, wird fündig: AEIOU. Endlich darf noch ein Blick aus dem Turmfenster gewagt werden: Tief unten sitzt Aussee behaglich im Grün wie ein Vogel im Nest, und die paar Kuckuckseier, von irgendwelchen dämonischen Bauherren abgelegt, stören zwar, aber nicht wirklich.

Seltsam, daß die kleine Spitalskirche viel urtümlicher wirkt als ihre ältere Nachbarin: ein der Erde entrücktes Steildach zieht die Mauern himmelwärts, der achteckige Glockenturm fügt sich mit ernster Gebärde in die erstarrte Bewegung. Seit ihrem Bau im 14. Jahrhundert ist die Kirche im wesentlichen unverändert geblieben. So hat auch die klare Leichtigkeit des Innenraumes, seine durchgeistigte

Ausdruckskraft, unverändert Bestand. Für einen, der sich zu öffnen versteht, wird ein kleines Weilchen in der kühlen Stille unversehens zu einer seltsam schwerelosen Spanne Zeit, und das längst vergangene mittelalterliche Aussee rückt spürbar nahe. Damals ließ der allgewaltige Salzverweser Hans Herzheimer eine Inschrift anbringen: „Den Sinn und die Augen zugleich mit den Händen erheben wir, Königin, Majestät, und vor der Herrlichkeit deiner Höhe beugen wir die Knie, bücken den Nacken und schicken zu Dir hinauf die Bitten voll von Seufzern. O süße Freundin Gottes, sei meiner eingedenk, so wie die Stunde des Todes kommt. 1498 J. Herzhaimer." Demut als Dimension der Macht und Frömmigkeit als Fest für alle Sinne. Unsere Gegenwart ist ziemlich dürr geworden.
Der Weg nach Grundlsee könnte auch zu einem kleinen, spielerischen Umweg geraten, ein Stück der alten Salzstraße folgend, bis die Filialkirche St. Leonhard erreicht ist. Anfang des 15. Jahrhunderts wurde die „Kirche der Salzfuhrleute" gebaut. Gotik und vor allem eine barocke Umgestaltung bestimmen ihr heutiges Bild. Übrigens hat die Glocke des Kirchleins eine erstaunliche Geschichte: Zur Zeit der Reformation wurde das gotische Geläut kurzerhand in profane Dienste gestellt und kam so in das Türmchen des alten Hofkastens auf dem Ausseer Chlumeckyplatz, dem damaligen Hofplatz. Als dann der Getreidebehälter dem Neubau der Sparkasse weichen mußte, dekorierte man eines der neuen Türmchen mit der Glocke. Endlich wurde sie von dem für die Ausseer Heimatforschung überaus verdienstvollen Salinenbaumeister Franz Stadler in ihrem Wert erkannt. Die Sparkasse, sehr korrekt, auch in Glockendingen, gab das Geläut ohne Widerstreben zurück, und seit dem Jahre 1980 hängt die Glocke wieder dort, wo sie hingehört.

Die Kirchen am Grundlsee sind viel jünger als die anderen Gotteshäuser im Ausseerland. Es gab eben weder Bergwerk noch Saline, also fehlte es nicht zuletzt auch an Geld für fromme Bauwerke. Seit 1890 schaut die Herz-Jesu-Pfarrkirche von einem Wiesenhang über den See. Die Errichtung dieses neugotischen Bauwerkes war durch eine eindrucksvolle Gemeinschaftsleistung von Einheimischen und Freunden der Landschaft möglich. Da gab es den rührigen Stainzer Dechanten Dr. Köberl, einen gebürtigen Grundlseer; als hochherzige Spender versammelten sich Kaiser Franz Joseph I. höchstselbst, die adeligen Familien Meran, Kinsky, Kesselstatt und Braun sowie ein reicher, aber frommer Großindustrieller, Alois Roth. Obmann des Kirchenbaukomitees war, wie sich eigentlich denken läßt, der tüchtige Wirt, Postmeister und Musikus Albin Schraml, und als Baumeister konnte man den trefflichen Max Cordignano gewinnen. Der erste Pfarrer der neuen Kirche hatte übrigens einen ziemlich bekannten Onkel: Erzherzog Johann.
Aber auch das freundlich-trotzige Kirchlein St. Raphael in Gößl verdankt seine Existenz tatkräftigem Zusammenwirken: 1819 wurde es von der Dorfgemeinschaft errichtet und gehört seitdem auch den Bauern von Gößl, wo so manches anders ist als anderswo in der Welt. Ein Deckenfresko aus dem Jahre 1950 führt uns auf einen Mann Gottes, der zwar nicht aus dem Ausseerland stammt, aber in seiner Sperrigkeit eigentlich nur hierher paßt: Universitätsprofessor DDDDr. Johannes Ude. Er schmückte als damaliger Pfarrer von Grundlsee gemeinsam mit dem akademischen Maler Hausknecht die Gößler Pfarrkirche aus.
Es gab einfach kaum eine Begabung, die Ude nicht in erschreckendem Übermaß besessen hätte. Sein Lebens-

Der heiligmäßige Universitätsprofessor DDDDr. Johannes Ude paßte als Querdenker mindestens so gut ins Ausseerland wie heute DDr. Günther Nenning.

lauf, kursorisch: Matura mit Auszeichnung, Ausbildung in Philosophie und Theologie an der päpstlichen Jesuitenuniversität Gregoriana: zwei Doktortitel. Priesterweihe. Studium der Naturwissenschaft (Zoologie und Botanik): dritter Doktortitel. Studium der Staatswissenschaften: vierter Doktortitel. Habilitation für das Lehrfach „Spekulative Dogmatik", zweimal Dekan. Politisches Engagement, wiederholter Entzug der Lehrbefugnis, 1938 Ende der akademischen Laufbahn, Kerker, nach Grundlsee „gauverwiesen". 1959 verstorben. Zwischendurch ging dieser heiligmäßige Feuergeist keiner Auseinandersetzung mit kirchlichen oder politischen Institutionen, aber auch keinem Kampf mit sich selbst aus dem Weg. Schon in den zwanziger Jahren wurde er, sehr zum Kummer seiner kirchlichen Oberen, mit dem Kampfruf „Gegen Korruption, für Gerechtigkeit und Sparsamkeit" politisch tätig, forderte einen Ständestaat und gehörte zu dessen schärfsten Kritikern, als er sah, daß die Verwirklichung idealistischen Grundsätzen nicht gerecht wurde. Ude fühlte sich dem deutschen Volk zugehörig und riskierte mit einem Brief an Gauleiter Uiberreither Kopf und Kragen. Er schrieb: „Ich verurteile die banditenartigen, im gesamten deutschen Reich, wie es scheint, wohlorganisierten, in einer einzigen Nacht verübten Überfälle auf die jüdischen Synagogen, auf die jüdischen Zeremonienhallen und auf die jüdischen Geschäfte, die man in Brand gesteckt, zertrümmert und verunehrt hat." Nach Beendigung des Krieges kandidierte Ude 1951 für das Amt des Bundespräsidenten, errang enttäuschende viertausend Stimmen und gab in der Stichwahl eine Empfehlung für den SPÖ-Kandidaten ab. Seit 1907 lebte der große, hagere Mann vegetarisch; Alkohol und Nikotin, Kapitalismus und Prostitution gehörten zu jenen Feindbildern, die er nicht müde wurde, zu attackieren. Alt geworden, stellte er immer stärker die Erringung des Weltfriedens in den Mittelpunkt seiner Gedanken. Eine der letzten Schriften trägt den einfachen Titel: „Christ oder Antichrist. Entweder Christus oder die Atombombe." Man mag den streitbaren Vierfachdoktor sehen, wie man will: Aber er paßt ganz ausgezeichnet ins Ausseerland.

TRACHTIGES

„Aus der Fäulnis der Wiener Zeit unter Franz stammten auch die falschen Steyrer. Sie meinten, dem löblichen Beispiel des Erzherzog Johanns nachzueifern, allein dieser Prinz hatte durch sein inniges Zusammenleben mit dem steyrischen Volke ein gewisses Recht auf den groben Lodenrock erworben. Die falschen Steyrer hingegen waren meist blasierte Gecken und Wüstlinge, reiche Juweliers- und Bankierssöhne aus der Residenz, welche im Winter die falschen Wiener spielten. Im Sommer schlugen sie ihr Hauptquartier in Außee und Umgebung auf, steckten sich in graugrüne Wämser, enganliegende Kniehosen, farbige Strümpfe, Schuhe mit Schnallen, stülpten den breitkrämpigen Spitzhut auf, umschwärmten den Hof und schwätzten das reinste Schwarzgelb. Der Mummenschanz sollte ihre abgelebten Reize auffrischen."

Dieser Text von bestürzender Aktualität ist an die hundertfünfzig Jahre jung und stammt aus „Vehses Geschichte des österreichischen Hofes und der österreichischen Diplomatie". Es gibt auch ein Gegenstück neueren Datums. Thomas Bernhard läßt in „Elisabeth II" in bewährter Weise Wortkaskaden rauschen; der Protagonist findet keinerlei Verständnis für Leute, die sich in Altaussee angesiedelt haben, „Schriftsteller Komponisten Komödianten/dieses ganze Gesindel", und was sie dort tun, kann ihm erst recht nicht gefallen: „. . . gehen in Dirndl-

kleidern herum und in Lederhosen/und machen sich mit Fleischhauern und Holzhackern gemein".
Für den an sich harmlosen Versuch der feinen Leute, sich im Ausseerland als Ausseer zu verkleiden, gab es um die Jahrhundertwende eine Entschuldigung: Es entsprach ganz einfach dem Zeitgeist, seine hohe gesellschaftliche Stellung und das satte Vermögen in einer theatralisch-volkstümlichen Schlichtheit zu sublimieren. Den Ausseern konnte das nur recht sein. Sie bekamen ein erheiterndes Schauspiel geboten, und wenn sie sich feixend beeindruckt zeigten, gab es auch noch fette Trinkgelder. Nur ganz wenige unter den Gästen begriffen das Wesen des Lebensraumes, in dem sie sich verlustierten; alle anderen fanden eine eindrucksvolle Bühne und die passenden Statisten für ihren eigenen Auftritt vor. So notierte zum Beispiel einer der Gäste des Freiherrn von Zedlitz: „. . . eine wahrhafte Idylle . . . frische Wiesen, ein malerischer See, tiefe Schatten. Am Abend fährt jung und alt auf den See und vergnügt sich mit deutschen Balladen und französischen Romanzen . . . Es ist ein Traum, oder besser gesagt, ein Märchen auf dem Boden der Wirklichkeit."
Natürlich trug der Märchenprinz eine Lederhose und die Prinzessin ein Dirndl. Heute, könnte man meinen, ist alles anders geworden. Die Herren und Damen Direktor, Vorstand, Intendant oder Professor müßten doch eigentlich froh sein, die Business-Uniform im Urlaub endlich mit formloser Freizeitkleidung vertauschen zu dürfen. Aber nein: Sie tragen Tracht. Natürlich haben sie seit der Jahrhundertwende dazugelernt, lassen sich auf nichts Unechtes ein, achten auf jedes Detail und sorgen sogar dafür, daß die Kleidung nicht allzu neu wirkt. Keiner von ihnen, der nicht wüßte, daß der am Hosenbein angestückelte Lederstreifen, das „Bürsel", bei der Altausseer Hose hell

und bei der Grundlseer Hose schwarz zu sein hat, daß Hirschbärte auf dem Ausseer Schnürhut ohne Barthülsen getragen werden und allfällige Silbernadeln echt zu sein haben. Nur Anfängerinnen passiert das Mißgeschick, schwarze Netzstrümpfe zum Dirndl zu tragen und dann womöglich noch ein Landschaftswesterl mit aufgesticktem röhrendem Hirsch. Es gibt ja auch genügend Möglichkeiten in Aussee, den Geheimnissen der Tracht auf die Spur zu kommen. Das schöne Heimatmuseum im Kammerhof pflegt seine Trachtenabteilung liebevoll, und im traditionsreichen Mauthaus am Meranplatz residiert Helga Rastl in ihren stilvollen Gewölben und hält mit einer Dirndlschneiderei ein munteres, kostbares Stück Ausseer Wesensart am Leben.

Daß jene Gäste, die sich mit Bedacht und Bemühen ausseerisch kleiden, trotzdem die Metamorphose zum Einheimischen nicht gänzlich vollziehen können, liegt einfach daran, daß es ihnen verwehrt war, Generationen hindurch ins heimatliche Gewand hineinzuwachsen. Die Tracht war ja zu jeder Zeit Spiegel der gesellschaftlichen Wirklichkeit und mit ihr Änderungen unterworfen. Im spannenden Wechselspiel zwischen tradierter Ordnung und aktuellem Lebensgefühl, zwischen gültigen Gemeinsamkeiten und individueller Freiheit hat sich Altes ständig erneuert, ist Vertrautes jung geblieben. Die Ausseer weigern sich ja bis heute standhaft, ihre Tracht als volkstümliches Dekor zu sehen, als Gegenstand betulicher Heimatpflege. Somit gehört sie zum Alltag, und es bedarf keines Trachtenvereins, um Leben in die Szene zu bringen. Schon eher stören die Versuche listiger Folklore-Konfektionäre, ihre Allerweltsmode mit dem verkaufsfördernden Etikett „Ausseerland“ zu versehen. Aber darauf fallen ohnedies nur jene herein, die das verdienen. Wie

Nur wenige haben das Glück, mit ihrem Begehr vom Schneider himmlischer Lederhosen, Heribert Raich, erhört zu werden, und auch dann ist Geduld vonnöten.

sehr Dirndl und Lederhose Teil einer Lebensart sind, die nur in jene Landschaft paßt, zu der sie gehört, wird spürbar, wenn Ausseer im Ausland auftreten, also in Wien etwa. Da stehen sie dann in stolzer Einsamkeit, gehüllt in eine kleine, aber komplette Welt aus Seen, Bergen und Narzissenwiesen, unglaublich fremde Geschöpfe in einer Umgebung aus Beton, Jeans und Nadelstreif.

Andere, vor allem solche, die gezwungen sind, oft längere Zeit außerhalb des Ausseerlandes zu leben, verkleiden

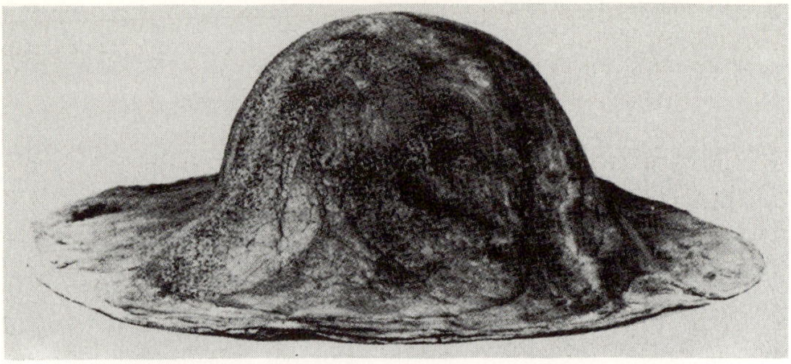

Ausseer Hüte, echt seit 1532, erzeugt unverdrossen Franz Leithners kundige Hutmacherei; den wundersamen Schwammhut gibt es nur im Museum.

sich als Ausländer, gehen unerkannt ihren Geschäften nach und stutzen nur, wenn sie auf ein Gegenüber treffen, das sie unweigerlich als einen ebenfalls verkleideten Ausseer erkennen. Offensichtlich gibt es so etwas wie eine unsichtbare Tracht, ein nichttextiles Gewand, eine Lederhosen- oder Dirndl-Aura, weiß der Teufel.

Zu guter Letzt sei noch von einem Trachtenstück berichtet, das in seiner elitären Absonderlichkeit vor Nachahmung so gut wie sicher ist: der Hut aus Buchenschwamm. Das Ausseer Heimatmuseum besitzt so ein rares Stück. Ein runder Gupf wird von einer stattlichen Krempe umgeben; innen ist ein schwarzes Köperband angenäht. Ein zweites Stück dieser edlen Gattung liegt im Grazer „Steirischen Volkskundemuseum“: eine runde Kappe, fast schon von bürgerlicher Eleganz. Der „Iring Hans“ Johann Grieshofer, erst Holzknecht in Gößl, dann Jagdaufseher beim Fürsten Kinsky, hat sie verfertigt. Alte Leute, die ihn noch gekannt haben, erzählen, wie er bei schönem Wetter mit einem mächtigen Schwammhut auf dem Kopf durch die Wälder schritt. Und das soll ihm erst einmal einer nachmachen.

ALMRAUNGERLN UND ESCHBONKOH

Ausseer Küchenvokabeln haben eine Menge mehr zu sagen als irgendwelche kulinarischen Modewörter. Almraungerln verhalten sich zum Sektsabayon wie eine herzhafte Umarmung zu einem trendigen Wangenbussi, und ein Eschbonkoh hat mit Pommes mousseline ungefähr so viel zu tun wie Richard Eybner mit André Heller. Schon die Wortmelodie verrät auch dem Unkundigen, worauf er sich freuen darf: Almraungerln müssen ganz einfach nach Butter und Rahm schmecken, umwerfend süß und sehr nahrhaft sein, und ein Gericht mit der geheimnisvollen Bezeichnung Eschbonkoh kann sich eigentlich nur durch derben Wohlgeschmack auszeichnen sowie durch eine eindrucksvolle, lang anhaltende Füllung des Magens. Liest man dann nach, etwa in Helga Rastls trefflichem „Österreichischen Kochbuch aus dem Ausseerland", erweisen sich die Almraungerln wirklich als freundliches Gemenge aus Butter, Sauerrahm, Mehl und Zucker, mit ein wenig Zimt und Neugewürz, im heißen Fett herausgebacken und mit Staubzucker bestreut. Daß die Almraungerln herzförmig sind, dick wie pralle Federnkissen, entspricht der zärtlichen Überfülle ihrer inneren Werte. Das Eschbonkoh ist erst einmal ein Fall für den Übersetzer. Im Ausseerischen, einer Mundart, die eigentlich eine Fremdsprache ist, nur von wenigen verstanden und von ganz wenigen wirklich beherrscht, wirkt sich die heimische Lust an seltsamen Denkvorgängen zum Beispiel darin aus, daß man der übrigen Welt Erdäpfel, Grundbirnen oder Kartoffeln gönnte, selbst aber „pommes de terre" kühn mit „Eschbon" übersetzte. So präsentiert sich das exotisch klingende Gericht als schlichter Verwandter der Schweizer Rösti: Zwiebeln und feinblättrig geschnittene, rohe Erdäpfel brutzeln in Schweineschmalz, Salz kommt dazu, alles wird ordentlich durchgerührt und bräunt endlich seiner Vollendung entgegen, bei der zu guter Letzt noch ein Stück Butter mitspielt. Als standesgemäße Begleiterin für das Eschbonkoh gilt eine Suppe aus altem Schwarzbrot und Sauerrahm.

Die Küche im Ausseerland erzählt noch heute von jener dauerhaften sozialen Wirklichkeit, die das Leben früher bestimmte. Die Pfannhauser und Forstleute mußten mit ihrer kargen Naturalentlohnung auskommen, ein wenig Landwirtschaft, so nebenbei, deckte den Tisch auch nicht viel reicher. Fisch und Wild wurden von den vornehmen Herren eifersüchtig für sich reklamiert, und roch es in einem schlichten Holzhaus doch einmal verdächtig gut, war einem Wilderer seine Beute wieder einmal nicht entkommen, er aber dem grimmen Jägersmann. Abenteuer dieser Art waren allerdings die Ausnahme in einem kulinarischen Alltag, in dem die einfachen Leute schon froh waren, satt zu werden und Kraft für schwere Arbeit zu haben. Andererseits sorgte eine ziemlich unverwüstliche Bereitschaft, sich an den guten Dingen des Lebens zu erfreuen, dafür, daß sich in den bescheidenen Küchen, in den rußigen Pfannen der Holzknechte und Sennerinnen einfache Zutaten zu erstaunlichem Wohlgeschmack vermählten. Auch sorgte der Jahresablauf für Abwechslung auf dem Tisch: Im Winter galt es, dem frierenden Menschen kräftig einzuheizen, mit Erdäpfeln und Grammeln,

Speck und Kraut und nicht zu wenig Schmalz. Ende Juni, zu Sommersonnenwende, kamen dann die Hollerstauden zu höheren Küchenehren: Die Blüten wurden in einem feinen Teig gebacken, zu Saft verarbeitet oder getrocknet, um später als Tee zu dienen. Aus den Beeren entstanden unwiderstehliche Süßigkeiten wie das nach Zimt und Nelken duftende „Hollermandl" oder der Hollerschnaps, den man auch als anständiger Mensch einfach trinken muß, weil er ja so gesund ist. Der Almsommer brachte frische Milch, schneeweißen Topfen und Käse, und hin und wieder kam ja doch ein Fisch aus dem See oder aus der Traun auf den Tisch, oder auch Wildbret, siehe oben. Für besondere Tage gab es natürlich auch besondere Speisen, und so ist das noch heute: Am 5. Jänner, wenn die Ausseer Kinder als „Glöckler" von Haus zu Haus gehen, begierig, ihre Leinensäcke zu füllen, schwimmen tellergroße Glöcklkrapfen im heißen Schmalz. Zwar sind inzwischen Gummibären bei den munteren Knaben und Mädchen beliebter, aber ganz läßt sich das nahrhafte Kunstwerk aus Germteig nicht ausrotten, schließlich kommen zur winterlichen Abendstunde auch noch die „Perigl" vorbei, finstere, in Fetzen gehüllte Gestalten, und sie brauchen das herzhafte Gebäck als Unterlage für die vielen Schnäpse, die ihren dunklen Weg säumen. Bricht dann die Faschingszeit aus und mit ihr jede Ordnung zusammen, gehen die Ausseer Bäcker seufzend, aber pflichtbewußt an die komplizierte Herstellung eines seltsamen, salzbestreuten Ringes, dessen mit Kümmel gewürzter Teig aus Weizenmehl, Roggenmehl, Malzmehl und Germ erst in Salzwasser gekocht und dann gebacken wird. Ein „Beugel" besticht nicht nur durch archaische Formgebung und unverkennbaren Geschmack – der allerdings von Bäcker zu Bäcker variiert –,

Nahversorgung: Zu besonderen Feiertagen bot der „Brotsitzer Loiperl“ vor der Altausseer Kirche Heiligenstriezel, Weinbeerkipfel und andere fromme Naschereien an.

dieses ungenierte Fruchtbarkeitssymbol ist auch noch ein bewährtes Orakel: ziehen zwei Ausseer daran, erwartet den mehr Glück, der das größere Stück in der Hand behält. Das Gleichnis mag ein wenig vordergründig sein, aber es ist sehr brauchbar in dieser habgierigen Welt.

SELTSAME AUSSEER

Auf der ebenso vergnüglichen wie vergeblichen Suche nach dem wahren Wesen der Ausseer wird man natürlich jene hier geborenen oder „eingefangenen“ Persönlichkeiten nicht vergessen dürfen, denen das Attribut „bunte Vögel“ noch am ehesten gerecht wird. Das ehrwürdigste Exemplar dieser Gattung, Josef Fröhlich, kam 1694 in Aussee zu Welt. Nach einer ehrbaren Ausbildung im Müllerhandwerk ging er, schon etwas lustiger, auf die Wanderschaft. Unterwegs dürfte er eher seltsamen Lehrherren begegnet sein, denn bald ließ er Korn und Mehl links liegen und präsentierte sich als Spaßmacher und Taschenspieler auf Jahrmärkten. Mit bemerkenswerter Kunstfertigkeit und Ausdauer tingelte er quer durch Europa, bis es ihm, 33 Jahre alt, gelang, am Hof des Kurfürsten von Sachsen in Dresden Fuß zu fassen. Dem seltsamen Amt eines „Hoftaschenspielers“ folgte die ehrenvolle Berufung zum „kurzweiligen Rat“, volkstümlich auch Hofnarr genannt. In dieser Position von nicht zu unterschätzender Bedeutung hatte er nicht nur die Aufgabe, zur Unterhaltung und Belustigung seines durchlauchtigsten Auftraggebers beizutragen, er mußte ihm auch mit Witz und Diplomatie so manche Wahrheit beibringen, die keiner frei zu äußern wagte. Das dürfte dem runden Schalk aus dem Ausseerland recht gut gelungen sein. Was seine Beurteilung der öffentlichen Verwaltung betrifft, traf er im übrigen nicht nur in Dresden den Nagel

Ein Hofnarr mit dem programmatischen Namen Fröhlich, ein schalkhafter Poet und possierlicher Zauberer, verdient es, ernst genommen zu werden.

auf den Kopf, er ist auch heute noch von peinlicher Aktualität: „Man muß die Ämter mit Leuten, nit aber die Leut mit Ämter versorgen.“ Auch zum allseits beliebten Delegieren von Verantwortung fand er goldene Worte: „Schießen die großmächtigen Herren die Böck, dann tretens die Kleinen glei mit in den Dreck.“ Doch der famose Fröhlich gab sich mit Wortgefechten allein nicht zufrieden. Vor den staunenden Augen der Hofgesellschaft verzauberte er Käuze in Affen und vergaß dabei nie, darauf hinzuweisen, daß eine solche Verwandlung auch in der besseren menschlichen Gesellschaft nicht selten stattfinde. Brach allerdings die „heilige Faschingszeit“ im Ausseerland aus, erfaßte den erfolgreichen Hofnarren heftiges Heimweh, und er scheute die weite Reise nicht. Solches verbindet ihn noch heute mit so manchem „Auslandsausseer“, der zweimal im Jahr seine hektischen Bemühungen, reich und berühmt zu werden, fallen läßt, um die wirklich wesentlichen Ereignisse des Erdenrunds nicht zu versäumen: die Faschingstage und das Altausseer Bierzelt.

Ein anderer in einem wenig bürgerlichen Beruf erfolgreicher Mann, Arthur Strohschneider, kam mit dem beginnenden Fremdenverkehr ins Ausseerland und kaufte ein Haus in Grundlsee. Er, sein Bruder und seine Frau arbeiteten als Seiltänzer. Arthur Strohschneider war aber eigentlich ein Universalartist, ein Leichtathlet von erstaunlicher Kondition, Ringkämpfer, trotz eher schmächtiger Figur, und auch noch ein formidabler Kunstschütze. Der nicht wirklich gediegene Glanz seiner unsteten Existenz hinderte ihn allerdings nicht daran, den Ausseern treu als Freund beizustehen. Als sich der Erste Weltkrieg ankündigte, gab Strohschneider sogar im Neuper-Prater Schießunterricht. Als dann endlich wieder Friede herrschte, griff er beherzt in die Tasche und stellte eine schöne hölzerne Aussichtswarte auf den Tressenstein. Sie fiel dem Zweiten Weltkrieg zum Opfer, wurde wieder aufgebaut und mußte endlich einem Rundfunksender weichen.

Zwischen den Kriegen war Strohschneiders große Zeit. Hoch über den Köpfen der faszinierten Ausseer spannte er am Chlumeckyplatz ein Seil vom Sparkassengebäude zum Hoferhaus, lustwandelte darauf unbeschwerten Schrittes, stellte Tisch und Sessel auf das Seil, nahm behaglich Platz, entzündete einen Spirituskocher und

Wenn jemand Applaus dafür wollte, daß er auf die Ausseer und ihre noblen Kurgäste heiter herabschaute, mußte er schon den Namen Strohschneider tragen.

briet genießerisch Spiegeleier. Nach dieser phäakischen Ouvertüre befestigte er gefährlich scharfe Klingen an seinen Füßen, um damit auf dem Seil den schaurig-wilden Sensentanz aufzuführen, zwischendurch fuhr er mit dem Rad durch die Lüfte, und war endlich die Dunkelheit angebrochen, warf er sich in den guten Asbestanzug, über und über mit Raketen bestückt, die er dann als seiltanzende Startrampe in den Nachthimmel entließ.
Natürlich unternahm Strohschneider auch internationale Tourneen; eine davon führte ihn nach Italien. Eine Begegnung mit dem König ließ ihn verwandelt zurückkehren: Von nun an hieß er Professore Arturo Strohschneider, brachte einen Diener, Giorgio, mit und ein Rennpferd, das ihm der König als Geschenk förmlich aufgedrängt hatte. Gustav Lewandofsky, der legendäre Kurhaus-Cafetier,

Wirklich berühmt wurde nur Arthur Strohschneider: ein schmächtiges Muskelbündel, Artist und Bonvivant, PR-Genie in eigener Sache.

damals noch ein Kind, hatte alltäglich gegen zehn Uhr die Ehre, bei der Lößl-Uhr Gerte und Zügel entgegenzunehmen. Dann lenkte Jung-Gustav stolz das zweirädrige Gespann stallwärts, während Professore Arturo damit anhub, in den Gasthäusern Hof zu halten. Einer innigen Neigung folgend, engagierte er sich auch im Handel mit italienischen Weinen, die er im Keller unter dem ehemaligen Kino lagerte und deren Etikett die verblüffende Aussage schmückte: „Wein kann man auch aus Trauben machen."

Bürgerliche Karrieren enden in Aussee häufig mit einem stilvollen finanziellen Niedergang: Professore Arturo aber wurde recht alt und blieb sogar wohlhabend dabei.

Damit ist es an der Zeit, einem anderen Jünger des labilen Gleichgewichts die Reverenz zu erweisen. Am Ufer des Grundlsees steht noch heute prächtig und selbstbewußt die Villa Castiglioni, eigentlich ein Schloß, wenn auch von der intimeren Sorte. Der Erbauer, Camillo Castiglioni, war ganz ohne Zweifel eine der schillerndsten Persönlichkeiten im Österreich der zwanziger Jahre. Der Triestiner lehrte die Wiener Banken in atemberaubend kurzer Zeit das Fürchten, verflocht österreichisches und italienisches Kapital auf ebenso unentwirrbare wie einträgliche Weise und war bald einer der Reichsten im Lande. Er ließ wie durch Zauberei einen gewaltigen Industriekonzern entstehen, häufte eine blendende Sammlung kostbarster Kunstschätze an, verkalkulierte sich endlich bei einem Devisengeschäft, mußte verkaufen, hinterließ rauchende Wirtschaftsruinen, wurde angeklagt und dann doch nicht angeklagt, weil aus den Tiefen der allerhöchsten Verwaltung offensichtlich Vertuschung empfohlen worden war. Die Ausseer sahen das verwirrende Finanzgenie als eine von vielen unbegreiflichen

Auch Finanzjongleure dubiosester Art fanden im Ausseerland Ruhe: Villa Castiglioni am Grundlsee.

Existenzen, die aus den Höhen der besseren Gesellschaft ins stille Tal geregnet waren, und wenn wieder einmal ein Güterwaggon aus Italien, voll mit roten Rosen für Signora Castiglioni, am Bad Ausseer Bahnhof stand, war das eben so: große Brieftasche, große Geste.

Um endlich in seriösere Gefilde zu gelangen, wenden wir uns den Erfindern zu. Es liegt eigentlich nicht in der Art der Ausseer, kriegerische Großtaten zu vollbringen, aber wenigstens die theoretische Beschäftigung mit diesem Thema führte einmal, 1911, zu einem sichtbaren Ergeb-

nis. Gunther Burstyn, der Sohn eines Eisenbahningenieurs, hatte doch glatt die Stirn, einen geländegängigen, gepanzerten Kampfwagen zu erfinden. Die Generäle in Wien und Berlin verpaßten ihm allerdings ohne viel Federlesens ein österreichisches Erfinderschicksal, indem sie jegliches Interesse vermissen ließen. Burstyn sah dann wenige Jahre später zu, wie Panzerwagen von der Art, wie er sein Modell gebaut hatte, den Kriegsverlauf beeinflußten. Aber er wurde immerhin Generalbaurat und Ehrendoktor der technischen Wissenschaften.
Vor dem Gasthaus zum Weißen Rössl steht noch heute eine große Uhr als technisches Denkmal eines im heutigen Sprachgebrauch außerordentlich innovativen Wissenschaftlers. Friedrich Ritter von Lößl machte sich erstmals um das Ausseerland verdient, als er mit den von ihm entwickelten Meßgeräten Höhenschichtlinien ermittelte, die bei der Trassierung der Salzkammergutbahn wertvolle Informationen lieferten. Zur Jahrhundertwende richtete er in seiner großen Villa an der Bahnhofstraße und der Lößlpromenade ein Labor für flugtechnische Versuche ein, schrieb das Buch „Der Luftwiderstand, der Fall durch die Luft und der Vogelflug" und baute die erstaunlichsten Flugmodelle, von denen noch einige im Technischen Museum in Wien zu finden sind. Endlich komprimierte Lößl sein luftiges Metier in Gestalt von Uhren, die durch Luftdruckschwankungen angetrieben wurden. Solange der Erfinder lebte, funktionierte auch die Ausseer Lößl-Uhr ganz prächtig, doch dann fand sich keiner mehr, der so richtig verstand, was in ihr vorging, und heute drehen sich in der ehemaligen Luftdruckuhr auch nur Zahnräder. Friedrich Ritter von Lößl war seiner Zeit offensichtlich ein paar Luftlängen voraus.
Bliebe noch zu guter Letzt ein Lichtbildkünstler von er-

Ausseer in Pose: Das erste Photoatelier eröffnete Josef Poestion 1867. Vierzehn Jahre später übertrumpfte ihn Michael Moser mit einem wahren Tempel der Lichtbildkunst.

staunlichen Dimensionen. 1853 kam in Altaussee Michael Moser zur Welt, und fünfzehn Jahre später trat er als schmächtiger Photographenlehrling mit träumerischen Augen eine Reise nach Japan an. Sein Lehrmeister war ein Wanderphotograph, nicht übermäßig fürsorglich, wie

Daß die Narretei in Aussee schon immer ernst genommen wurde, beweist dieses eindrucksvolle Dokumentarphoto einer Faschingsgesellschaft.

sich bald herausstellte, denn er ließ seinen Lehrling kurzerhand in Yokohama allein. Dem gefiel es aber ganz gut bei den Japanern, er lernte ihre Sprache, dazu noch Englisch und Französisch, und ein tüchtiger Photograph wurde er auch. Nach fünf Jahren Japan reiste er nach Wien, um bei der Weltausstellung als Dolmetsch zu arbeiten. Dann begab er sich für ein paar Tage nach Hause, stellte beruhigt fest, daß in Altaussee fast noch alles beim alten war, und reiste auch schon wieder über Suez nach Japan. Dann war er wieder Dolmetsch bei den Weltausstellungen in Philadelphia und Paris, bis er endlich genug von der großen weiten Welt hatte und in Altaussee Wurzeln schlug. Natürlich war sein Atelier voll mit japanischen Erinnerungsstücken, zwischen denen er nun stolze Bürgerfamilien, adrette Almdirnen und noble Kurgäste ablichtete.

Die Ausseer sind ein seßhaftes Volk, aber manche brauchen erst ein paar Weltreisen, um das zu erkennen.

DER DICHTERWINKEL

Das Ausseerland ist eine friedliche Gegend, aber nicht harmlos. So sollten zum Beispiel Dichter aller Art bei der Annäherung einige Vorsicht walten lassen, es sei denn, sie haben nichts dagegen, erst beiläufig und dann ziemlich nachdrücklich festgehalten zu werden. Ein überaus lehrreiches Beispiel stellt ein gewisser Hugo von Hofmannsthal dar. Am 16. August 1892 stieg er leichthin und ohne tiefere Gedanken als junger Student der Philosophie im späteren Hotel „Post“ ab, schüttelte artig den beiden Damen Wertheimstein die Hand und reiste wieder von hinnen. Im Sommer darauf teilte er nicht das Urlaubsrefugium seiner Eltern in Fusch, sondern besuchte – wie zufällig – das Salzkammergut. Nach Wien zurückgekehrt, hatte er erst einmal alles andere im Kopf, nicht ahnend, daß das Ausseerland auch in der Residenz nicht ohne Wirkung sein sollte. Das Schicksal näherte sich in Gestalt des Schriftstellers Leopold von Andrian-Werburg, dessen Vater bereits dem Zauber von Altaussee verfallen war und sein Leben der liebevollen und exakten Erkundung dieser Landschaft und seiner Bewohner gewidmet hatte. Ferdinand Andrian besaß ein Haus in Altaussee, und die Freundschaft der beiden Dichter war ein weiterer Grund für Hofmannsthal, seine Beziehung zum Salzkammergut intensiver zu gestalten. 1896 erschien im „Simplicissimus“ seine Erzählung „Das Dorf im Gebirge“ – gemeint war natürlich Altaussee, und der Redakteur, der

Hugo von Hofmannsthals frühe, doch offensichtlich stilvolle Ausseer Erfahrungen, behütet von seiner Mutter, Anna Maria Fohleutner.

das Manuskript entgegennahm, war Jakob Wassermann, auch eines der glücklichen Opfer des Ausseerlandes: „So fand ich den Ort, an dem ich mich dauernd niederließ, das Tal im steirischen Gebirge, und diese Landschaft wurde mir zum Freund, wie ein Mensch zum Freund wird, nach jahrelanger Erprobung."

Hofmannsthal, gleichsam umzingelt von Wahlausseern, unternahm in den nächsten Jahren völlig sinnlose Versuche, sich seiner Bestimmung zu entziehen. Er schloß sein Studium ab, radelte allein nach Italien und mit Arthur Schnitzler in die Schweiz, schaute sich in Venedig um, schrieb viel, hatte Erfolg – und landete 1899 doch wieder in Altaussee. Sein Brief an den Direktor des Deutschen Theaters in Berlin läßt erahnen, wie fest das Ausseerland den Dichter zu dieser Zeit schon im Griff hatte: „Wir wohnen alle in verschiedenen kleinen Häusern an der Berglehne über dem dunklen kleinen See, essen und nachtmahlen bald bei dem einen, bald bei dem andern, lesen zusammen englische Gedichte, der ältere Franckenstein komponiert kleine Lieder, die ich in Marienbad gemacht habe, mittag fahren wir im Boot hinaus und baden, bis tief in die sternhellen Nächte hinein gehen wir spazieren oder sitzen auf dem Geländer von einem Bauerngarten und reden miteinander. Die Leute, denen wir begegnen, kennen uns und sind alle in einer gewissen Weise hier zu Hause, einmal ist es der Reichskanzler Hohenlohe und einmal eine alte, ganz runzlige Bauernfrau mit einem Eimer Milch . . ."

Drei Jahre später, nach vielen Reisen zwischendurch, folgte dann ein Aufenthalt am Grundlsee, vielleicht um zu zeigen, daß es nicht immer Altaussee sein mußte, vielleicht aus der spielerischen Lust an der Variation, die ja noch keiner wirklich starken Beziehung geschadet hat. Jedenfalls bestand Hofmannsthals Zuneigung zum Ausseerland in Grundlsee die Reifeprüfung: Regenwetter; das Zeugnis ist ein Brief: „Lieber, wir sitzen hier eingeregnet in einem kleinen Bauernhaus wie auf einer Insel, um die der Westwind ewig schwarze Wolkenwände treibt, deren schwerer Regen auf die triefenden Wiesen und in die angeschwollenen Bäche hineinfällt. Aber wir haben in dem kleinen Haus genug, uns zu erheitern. Wir geniessen sehr die Freude, zu erwärmen, schon so lange Freunde zu sein, so vieles erlebt zu haben, zu kennen und zu erträumen. Auch liegen angefangene Arbeiten von mir herum, die etwas von Wärme geben . . ."

Noch einmal nahm Hofmannsthal, inzwischen Haupt einer fünfköpfigen Familie, in Altaussee Quartier; doch im Jahre 1908 fiel er dem Ausseerland ernsthaft und endgültig anheim. Er hatte seine Landschaft gefunden, und beide wurden so vertraut miteinander, daß es kein Entrinnen mehr gab. Am 16. August schrieb er an seinen Freund Richard Strauss: „Meine bleibende Adresse ist nunmehr Aussee, Obertressen 14." Obertressen ist die sonnigste Gegend im Ausseerland, sanft zu den waldigen Berghängen ansteigendes Wiesenland mit hölzernen Bauernhäusern, spielerisch ins Grün gestreut, mittendrin Schloß Ramgut, hell und von heiterer Kostbarkeit. Hofmannthals Behausung war alles andere als der repräsentative Wohnsitz eines erfolgreichen Dichters, aber das war nun, da er gefunden hatte, was seine Seele suchte, nicht mehr von Bedeutung. In einem Brief steht zu lesen: „Sie machen sich nicht die Idee von einer Installation, wie es die unsrige hier ist. Sie wurde vor Jahren als reines Provisorium acceptiert, dann Jahr für Jahr so weitergeschleppt, bis der Krieg dazwischen kam und eo ipso jeder Gedanke an Bequemlichkeit, Erheiterung, etc. beiseite geschoben wurde. Es ist ein winziges Bauernhaus, das sogenannte Speisezimmer so, daß die Kinder nie zu Tisch kommen können, sondern für sich essen, bei Sonne im Freien, bei Regen in der bäurischen geräumigen Küche . . ." Immerhin gab es Schloß Ramgut, wo Baron Oppenheimer dem Dichter ein Arbeitszimmer eingerichtet hatte, mit Doppeltüren, um jeden Lärm fernzuhalten. Das private Leben des Dichters war jedoch längst mit seinem kleinen, verschrobenen Haus verwachsen, das er nach und nach zu genießen lernte: „Das Ganze wird Ihnen als Lebensform schwer zu verstehen sein; es ist ja auch wirklich noch unter meinen sehr bescheidenen Verhältnissen. Aber einmal liebe ich das Primitive sehr, bin sehr achtzehntes Jahrhundert in meinen Neigungen, liebe eine flackernde Kerze, ein dünnes Schindeldach, auf das der Regen trommelt, eine enge Holztreppe, eine schiefe Dachkammer wie diese, in der ich seit acht Sommern schlafe und die kein Bedienter ohne Nasenrümpfen acceptieren würde, dann ist es einmal so gekommen – und dann ist es eine gute Schutzwehr gegen das Sociale; und die muß ich haben, denn der Sommer ist meine eigentliche Arbeitszeit . . ."

Später noch, älter geworden, machte Hofmannsthal nicht mehr viele Worte und gab unumwunden zu, wie es stand mit ihm und dem Ausseerland. „. . . ich liebe diese Landschaft so sehr, je älter ich werde, desto reicher wird sie mir, bin ich einmal ganz alt, so steigen mir wohl aus den Bächen, den Seen und den Wäldern, die Kinderjahre wieder hervor . . ."

DER REIGEN

An der Straße zum Pötschenpaß, nahe dem Gasthaus „Tannenwirt", gibt es einen unauffälligen Hügel, unbemerkt von den Autofahrern, auch für Spaziergänger kein besonders aufregendes Wanderziel. Trotzdem ist der Lenauhügel eine ganz bemerkenswerte Erhebung, nämlich ein zumindest doppelbödiges Monument ausseerischer Kreativität. Sein Name ist leicht erklärt: Lenau, Nikolaus Niembsch Edler von Strehlenau, wie man aus der Schule weiß, faßte das Ausseerland mit besonderer Zuneigung ins schwermutverhangene Auge, auch wenn ihm die „Erzherzogereien" und zuweilen die Umstände zuwider waren. Einmal, so wird erzählt, wohnte er im Gasthaus Hackinger (dem späteren „Kaiser von Österreich") und beschwerte sich bitter über den Geruch der Kerzen. Frau Hackinger, fromm und sanft, vernahm schaudernd die Worte: „Ich kann den Geruch eurer Unschlittkerzen nicht ertragen; zum Teufel! Gibt es denn bei den Pfaffen hier keine Wachskerzen? Ich werde mir selbst welche aus der Kirche holen." Wieder poetisch gestimmt, weilte der Dichter gerne an seinen Lieblingsplätzen in Obertressen und eben auf dem Lenauhügel, wo er, fast schon auf dem Weg nach Ischl, der dort weilenden Sophie von Löwenthal ein träumerisches Angedenken widmete. Die damalige Dame seines Herzens besaß alle nur denkbaren Vorzüge; dummerweise war sie verheiratet, doch das entsprach wiederum der dunklen Lust des Dichters an tragischen Beziehungen. Über das Innere des Hügels, auf dem er sinnend stand, dürfte sich Lenau keine Gedanken gemacht haben. Wie hätte er auch wissen können, daß unter seinen Füßen Spuren des mächtigsten Ausseer Salzverwesers, Hans Herzheimer, zu finden waren und – noch tiefer – uralte Mauerreste, von denen keiner Genaueres weiß. Herzheimer war auf diese Fundamente gestoßen, als er die Baugrube für einen Stadel ausheben ließ. Angesichts dieses geheimnisvollen Fundes reifte in ihm der Plan, einen gewaltigen Turm zu errichten, einen, der das gesamte Wissen seiner Zeit enthalten sollte, ausgestattet mit einer astronomischen Uhr und anderen kostbaren Details. Herzheimer plante, berechnete, entwarf und hub auch wirklich an zu bauen. An die sieben Meter hoch soll der Turmstumpf gewachsen sein, dann starb sein Bauherr, und die Ausseer errichteten mit seinen Steinen vernünftigere Gebäude. Wie auch immer: Der seltsame Turm des ritterlichen Träumers hat durchaus auch poetische Dimensionen.

Nicht weit vom Lenauhügel entfernt steht, mit dem Dachstein in geradezu unanständig wirkungsvoller Optik verbunden, das Hotel „Wasnerin". Gleich nebenan residierte Wilhelm Kienzl, ein Komponist, dessen romantische Tondichtungen sich nicht damit aufhielten, neue Wege in der Musik zu beschreiten, sondern auf bewährten Pfaden ein dankbares Publikum erreichten. In seiner Selbstbiographie schreibt er: „Den Sommer verbrachte ich mit meiner Frau im steirischen Teile des Salzkammergutes, in dem wundervollen Aussee und von da ab – mit nur zwei Ausnahmen – bis heute jedes Jahr. Auf der sich westlich über dem alten Markte ausbreitenden Hochebene mit den verstreuten malerischen Bauernhäusern Reitern und Lerchenreith, von welcher man ein unbeschreiblich

Das Hotel Wasnerin, 1933/34 erbaut, war bis in die fünfziger Jahre eines der glanzvollsten Hotels des Ausseerlandes, auch als Filmdrehort begehrt.

schönes und vielgestaltiges Gebirgspanorama genießt, liegt die Kaffeewirtschaft ‚Zur Wasnerin'. In einem neben dem Hauptgebäude gelegenen sogenannten ‚Stöckl' bezogen wir eine nur für das Allernotwendgste Raum bietende Wohnung von zwei Stuben, deren minimale Dimensionen eigentlich nur für Liliputaner ausgereicht hätten. Aber wir waren angesichts der herrlichen Natur glücklich, begnügten uns mit der frugalen, bäuerlichen Kost, arbeiteten und schmiedeten Zukunftspläne . . ." Kienzls „Stöckl" steht noch, aus der Kaffeewirtschaft ist ein Hotel geworden, einst berühmt, heute von matterem Glanz. Am nahen Sommersberger See, moorschwarzes Wasser in einer tiefen Wiesengrube, hatte Kienzl eine kleine Badehütte. Noch vor wenigen Jahrzehnten stand sie grau verwittert und windschief am sumpfigen Ufer, um dann irgendwann leise dahinzusinken.

Einer der besten Freunde des Komponisten, Peter Rosegger, gehört wieder in die Reihe jener unzähligen Dichter, die dem Ausseerland in besonder Weise verbunden waren. Allerdings hatte der auch noch seine steirische Waldheimat; somit gelang es ihm doch hin und wieder, sich den Lockungen des Salzkammergutes zu entziehen. So schrieb er 1905 an Kienzl: „Lieber Freund! Deine Einladung, nach Aussee zu kommen, erfüllt mich mit wahrem Schmerz. Ich habe heuer keinen guten Sommer, beständig marod, Katarrhe, die mich recht erschöpfen. Bisweilen höre ich in stiller Nacht eine Stimme: Rosegger, du mußt schön stad z'sammpacken! – Dann, wenn ich doch wieder Stunden des Wohlbefindens habe, lache ich mich aus. Dieser Zustand bestärkt meine Absicht, mich allmählich loszulösen, so daß – wenn es all doch dazu kommt, ich möglichst souverain bin. Übrigens steht man sich mit Gleichgiltigkeit gegen die Welt auch in der Welt am besten . . ."
Das konnte der wahre Freund Kienzl natürlich nicht auf sich beruhen lassen; er griff behend zur Feder: „Lieber Freund, wie innig hätte mich Dein Brief erfreut, wenn er mir nicht Dein Fernbleiben von Aussee und – was eben das Schlimmste daran ist – den tiefbedauerlichen Grund desselben mitgeteilt hätte: Dein Übelbefinden! So peinlich der andauernde asthmatische Zustand ist, so birgt er aber doch nichts in sich, was Dich zu so melancholischen Äußerungen berechtigen könnte, wie sie in Deinen lieben Zeilen vorkommen. Ein nervöser Zustand ist noch lange kein gefahrvoller. Daß aber Dein Herz und Deine Lunge gesund sind, weißt Du besser als irgendeiner, braucht Dir also gar nicht erst von mir gesagt werden. Wohl aber halte ich es für meine Pflicht und auch für mein gutes Freundesrecht, zur Linderung Deines qualvol-

len Zustandes etwas zu tun, und das geschieht dadurch, daß ich Dir ernstlich rate, eine heilsame Luftveränderung, wenigstens auf kurze Zeit, vorzunehmen. Und eine schönere als einen Ausflug hierher kann es nicht geben. Du sollst völlige Ruhe und Ungeniertheit haben. Bei uns ist's ruhig – da gibt's keine lästigen Kurgäste. Dazu die frische und doch unendlich milde Luft. Für Dir zusagende Kost soll auch gesorgt sein – ganz wie Du's gewohnt bist. Auch habe ich ein prachtvolles Zimmer mit unvergleichlicher Ausicht für Dich – total ungeniert, und ein Bett, wie's der Kaiser von Brasilien nicht besser haben kann. Also komm – je eher, je lieber! Nur mußt Du's einen Tag vorher schreiben. Nicht nur eine innere Stime ruft Dir zu: ‚Rosegger, Du mußt z'sammpacken!', sondern auch eine von außen und die gehört mir, Deinem Dich liebenden Freunde. Also ‚pack z'samm', aber nur für eine Lustreise nach – Aussee, zu Deinem Dir treu ergebenen Freunde Wilhelm Kienzl und seiner herzlich grüßenden Frau."

Ohne den Dialog zwischen Salzkammergut und Waldheimat weiter zu verfolgen, verharren wir im Reich der Töne, wechseln allerdings den Schauplatz. Am Altausseer See steht, dicht an der Klause, die Seevilla. Hier fand am 25. August 1882 ein denkwürdiges Konzert statt, verbunden mit einem nicht minder bemerkenswerten gesellschaftlichen Ereignis: Johannes Brahms wohnte gut gelaunt der Uraufführung seines „Frühlingsquintetts" bei. Über einen Mangel an illustren Gästen konnte er auch fernab von Wien nicht klagen: Gastgeber und Hausherr war Dr. Ladislaus Wágner, Professor an der Hochschule für Bodenkultur in Budapest. Baron Karl Binzer war natürlich zugegen, einmal als Villennachbar und dann, weil ohne ihn nichts lief in der besseren Altausseer Gesellschaft. Baron Johann Chlumecky, k.k. Handelsminister

und der Namensgeber des ehemaligen Hofplatzes in Aussee, konnte nicht fehlen, an bürgerlicher Prominenz glänzten unter anderen die berühmten Wiener Ärzte Heinrich Obersteiner und Theodor Billroth sowie der gefürchtete Musikkritiker Eduard Hanslick, dessen Schüler übrigens Kienzl gewesen war. Das Frühlingsquintett erklang in betörender Pracht, obgleich als Bratschist der Grazer Rittmeister von Kaiserfeld einspringen mußte, der eigentlich nur Geige spielen konnte, und das als Amateur. Doch die Nähe musikalischen Genies genügte, ihn zu beflügeln. Es wurde ein rauschendes Fest, und die Ausseer hatten einmal mehr Anlaß, über das glänzende Treiben in der Brahms-Villa zu staunen. Sogar der dichtende und singende Lupitscher Bachwirt Johann Kain widmete der funkelnden Eleganz des Altausseer Gesellschaftslebens ein paar ungeschliffene Verse:
„Wannst aufn Mösern(Ortsteil von Altaussee) stehst/und von dort einigehst/muast es schon gschwind einbstehn/s'Landl is schön./D'Seeklaus, das waist ja eh/reckt jetzt den Kragn in d'Höh/weit in der Welt hinden/redt man davon./Leut' gar aus Engaland/san dort schon kema z'samm/Damen gar wunderschön/siagst umagehn."
Johann Kains geheimnisvoller „Engaländer" war übrigens Ludwig Straus, Kammervirtuose der Königin von England. Nach diesem so belebenden Fest, das nur eines in der Reihe von vielen Brahms-Matineen in der Seevilla war, wanderte der Komponist am nächsten Morgen in Begleitung eines Kollegen, Karl Goldmark, über den Sattel nach Grundlsee, um der Villa Chrobak einen Überraschungsbesuch abzustatten. Goldmark berichtet: „Wir fanden das Gartentor offen, niemand war zu sehen. Über die Terrasse traten wir von der Gartenseite her ins Musikzimmer. Das Klavier war geöffnet, auf dem Pult lag

Cernys Schule der Geläufigkeit. Brahms will sich irgendwie bemerkbar machen, setzt sich ans Klavier und spielt die aufgeschlagene Etude schlecht und holprig wie ein Achtjähriger. Da tönt es von oben: ‚Falsch. Schon wieder F statt Fis!' Brahms spielt weiter, immer schlechter und schlechter. ‚Aber Hans!' Hört man die Mutter wieder rufen, ‚was machst du denn nur, gestern Abend hast Du doch schon viel besser gespielt!' Unbeirrt spielt Brahms weiter, zum Steinerweichen schlecht. Ein kurzer Ruf des Unwillens, die Türe fliegt auf, die Hausfrau stürzt herein mit einem zornigen ‚Du Bub, du miserabler . . .' Weiter kam sie nicht. Brahms hielt sich vor Lachen die Seiten und rief aus: ‚Ja freilich, ich kann's nicht so gut wie der Hans!'" So gab man sich damals eben, als Gast im Ausseerland: Die Wiener Förmlichkeit war vergessen, eine erlesene Schar begabter und noch dazu begüterter Menschen fühlte sich sommerlich heiter vereint und verschwendete keinen Gedanken an jene, die auf der anderen Seite des Pötschenpasses in Ischl hinter dem Kaiser herliefen.

Mit dem Kaiser hatten einige Altausseer Sommerurlauber in der Tat besonders wenig im Sinn. Arthur Schnitzler zum Beispiel, jener Arzt, der als Dichter seine Worte wie ein Skalpell an die Strukturen der sterbenden Monarchie legte, kam 1875 im Alter von elf Jahren erstmals nach Altaussee. Später traf er hier seine Bekannten aus dem Kreis um „Jung-Wien" wieder: Hermann Bahr, Stefan Zweig, Hofmannsthal und viele andere. Alois Mayrhuber, jener feinsinnige und umfassend gebildete Gründer des Altausseer Literaturmuseums, der als Gendarm ein tragisches Ende fand, berichtet von einer Plättenfahrt, die Schnitzler, Richard Beer-Hofmann (jüdischer Privatier, Jurist und Dichter) und Theodor Herzl unternahmen.

Letzterer wollte sich in einer Kunst beweisen, die ihm nicht gar so lag und begann im Boot aus seinem Lustspiel „Die Glosse“ vorzulesen. Dazu Beer-Hofmann: „Jetzt, wo man nicht aussteigen kann.“

Theodor Herzl, dessen Vision eines künftigen Staates Israel sein ganzes Leben bestimmte, wohnte erstmals 1894 als „Journalist aus Paris“ in einer der Praunfalk-Villen. In den folgenden Jahren kam er mehrmals mit seiner Familie wieder, drei Jahre hindurch blieb er Sommer für Sommer im „Schneiderwirt“. Sein Fahrrad ließ Theodor Herzl bei jeder Abreise einfachheitshalber im Ausseerland zurück. Da ist es übrigens noch immer; es lehnt im ersten Stock des Kammerhofes und wirkt nicht mehr ganz neu.

GÖTTERDÄMMERUNG UND ZWISCHENZEIT

Die Schüsse von Sarajevo erschreckten die Ischler zwar weitaus mehr als die Ausseer, denn Ischl war Kaiserresidenz, und im Ausseerland saßen eher jene Adeligen, die den Monarchen zwar ganz gerne in ihrer Nähe wußten, aber auch einen deutlichen Abstand recht praktisch fanden. Doch als im Morgengrauen des 26. Juli 1914 auch in Bad Aussee, Altaussee und Grundlsee die Mobilisierungs-Kundmachung angeschlagen wurde, fiel ein eiskalter Schatten über das Land.

Dabei hatten sich die Ausseer und ihre Gäste auf einen schönen, ereignisreichen Tag gefreut: Nahe der Pötschenstraße, am Weg zum kleinen Sommersberger See, sollte der „Alpengarten" eröffnet werden, ein Tennisturnier, ein Turnertreffen und ein Feuerwehrfest waren angesagt. Der drohende Krieg machte dem bunten sommerlichen Treiben ein gespenstisch schnelles Ende. Die Kurkapelle verstummte, das Kino sperrte zu, der Wirt der Loserhütte schloß seufzend Tür und Fensterläden und zog mit den Soldaten. Am Bahnhof drängten sich die künftigen Krieger in wirren Scharen; die einen verzweifelt, die anderen begeistert und viele wohl auch beides. Natürlich fand sich auch ein Betrunkener, der im Wirtshaus „Heil Serbien!" rief und wenig später im Gemeindekotter darüber nachdachte, ob das wirklich klug gewesen war.

Seit scharf geschossen wurde, war es mit dem Eisstockschießen erst einmal vorbei, und die Parole „Durch Kampf zum Sieg“ hatte ihre Unschuld verloren.

Die Kurgäste hatten plötzlich anderes zu tun, als sorglos lustwandelnd zu gesunden, und reisten ab. Das dürftig gewordene Häuflein der Ausseer versuchte so recht und schlecht, mit lähmender Leere und ungewisser Gefahr zurechtzukommen. Die wackeren Veteranen versahen Überwachungsdienste; vor dem alten Postamt war eine Schranke errichtet worden, eine „k.k. Auto-Kontrollstation“; Eisenbahn und Brücken standen unter sorgfältiger Beobachtung. Der Feind kam gottlob nicht, wohl aber die Ersatzkompanie eines ruthenischen Infanterieregiments, und diese Truppe brachte sogar etwas Farbe in die graue Kriegszeit. Es handelte sich um huzulische Hirten aus den Waldkarpaten, die, als sie nach schier endloser Eisenbahnfahrt in der ärgsten Sommerhitze nach Aussee kamen, noch ihre dicken Schafspelze trugen. Als sie diese wollige Wehr gegen alle Widrigkeiten der Umwelt endlich

doch ablegen mußten und in k.u.k. Uniformen gesteckt wurden, lächerliche Zeugen textiler Willkür, hatte man die armen Hirten auch ihrer angestammten Identität entblößt. So exerzierten sie denn verzweifelt vor sich hin und dachten dabei an Weib und Kind und Herde; wie aufgescheuchte Hasen durchs Gelände gehetzt, wußten sie die Schönheit der Landschaft wohl kaum zu würdigen. Trotzdem zählten die ungehobelten, rührend hilflosen Burschen zu jenen Gästen im Ausseerland, die rasch heimisch wurden, weil sie ausreichend fremdartig waren. So kam es auch, daß sich diese griechisch-orthodoxen Christen in der katholischen Pfarrkirche durchaus zu Hause fühlten, und als ein Ausseer Veteran zu Grabe getragen wurde, begleitete ihn ganz selbstverständlich eine huzulische Halbkompanie auf dem letzten Weg, präsentierte schon recht gekonnt die Gewehre, und der Hornist blies den Generalmarsch. Die bedauernswerten Hirten zogen bald weiter, doch es kann nicht geleugnet werden, daß sie dem Ausseerland ein gewisses huzulisches Element hinterlassen haben. Sagt heutzutage ein Ausseer zum anderen, mild spottend, „du Huzudl", meint er es keineswegs beleidigend. Wer außerhalb seiner vertrauten Welt nicht zurechtkommt, zeigt damit ja nur, wie tief und ernsthaft er im eigenen Boden wurzelt.
Der Krieg kümmerte sich nicht um derlei Überlegungen, er bescherte den Menschen des Vielvölkerstaates noch einmal ein gemeinsames Schicksal von grausamer Willkür. Als Italien in das Kampfgeschehen eintrat, war die dumpfe Melodie der Gewalt auch ganz leise im Ausseerland zu hören: an klaren Herbsttagen konnte man den Kanonendonner von der Kärntner Front erahnen. Aus dem schmucken Kurort war indes ein immer noch friedliches Erholungsgebiet für Kranke und Verwundete gewor-

den; im Kurhaus und in den größeren Villen hatte man Ersatzspitäler eingerichtet. Auch bekamen die Ausseer wieder einmal Besuch aus dem Ausland: diesmal waren es serbische Kriegsgefangene, die in Gößl als Forstarbeiter beschäftigt wurden. Sie bewohnten eine feste hölzerne Hütte mit vergitterten Fenstern, und ein Mitglied des Landsturmes, der „Rotbart Hias", wurde mit einem Gewehr ausgerüstet, um die wilden Gesellen Tag und Nacht zu bewachen. Sie dürften aber eher fleißig als wild gewesen sein, und die gewaltige Bresche, die sie in den Wald schlugen, heißt noch heute „Serbenschlag".

Kaiser Franz Joseph, hoch in den Achtzigern, duckte sich, fernab von Ischl, in Wien unter der Last eines Krieges, den er nicht gewollt, aber angeordnet hatte. Der k.u.k. Major Edmund Glaise von Horstenau beschrieb eine seiner letzten Audienzen: „Ich trat in das Schreibzimmer des Kaisers. Ich hatte ihn noch in sehr genauer Erinnerung und war betroffen, wie sehr er zusammengeschrumpft war. Ein ganz kleines gebeugtes Männchen mit runzeliger Kopfhaut, traurigen Augen und gebeugten Schultern stand vor mir." Am 18. August 1916 feierte er seinen letzten Geburtstag. Das Feldpostschreiben Nr. 239 listet das Menü auf: klare Suppe mit Fleischknödel, Hecht mit Eiertunke, Brathuhn, Salat und Dunstobst, Nachspeisen. Am 21. November 1916 starb der Kaiser in Schönbrunn nach 68jähriger Regierungszeit, und in der „Neuen Freien Presse" erschienen auch schon Inserate, die Schaulustigen gegen bare Münze große Fensteröffnungen zur Beobachtung der Trauerfeierlichkeiten anboten.

Eine wesentliche Rolle in der Tragödie des zerbrechenden Habsburgerreiches spielte übrigens als Außenminister ein Wahl-Grundlseer, Ottokar Graf Czernin. Er wußte auch vom verzweifelten Versuch Kaiser Karls, doch noch den Krieg zu beenden, indem er an seinen Schwager, Prinz Sixtus von Bourbon-Parma, einen Brief schrieb, der ein Friedensangebot mit weitreichenden Zugeständnissen enthielt. Die folgenden Verhandlungen blieben ergebnislos. Im Herbst 1918 zerbrach die alte Donaumonarchie in unzählige scharfkantige Splitter, und als der letzte Kaiser von Österreich Verzicht geübt hatte und sich anschickte, seine Residenz für immer zu verlassen, waren natürlich als seine Begleiter auch zwei Ausseer dabei: Georg Graf von Kesselstatt aus Grundlsee und Amtsrat August Loitzl aus Bad Aussee. Österreich war in bestürzender Geschwindigkeit zu einem republikanischen Rest geschrumpft; doch dieser Rest hatte einen neuen geographischen Mittelpunkt, und der hieß, wie sich jeder denken kann, Bad Aussee. Heute steht im Kurpark ein unübersehbarer „Mittelpunktstein" und rückt die rot-weißrote Geographie ohne jeden Mangel an Selbstbewußtsein ins rechte Licht.

Nach dem Ersten Weltkrieg begann sich Aussee auch als Kurort relativ rasch zu erholen. Der alte, gediegene Glanz hatte natürlich Flecken abbekommen, mit dem kostbaren Hauch der k.u.k. Herrlichkeit war es ein für allemal vorbei, doch die adeligen Ausseer blieben ihrer Wahlheimat treu, und das tun sie noch heute, wie ein Blick ins Telephonbuch beweist. Sie hatten sich ja auch zu Kaisers Zeiten nie sehr kaiserlich gebärdet, umso leichter fiel es ihnen, ohne Titel und Würden nur noch mit einem Adel zu leben, der sich per Dekret eben nicht aberkennen läßt. Die Kurgäste waren natürlich nicht mehr ganz so nobel und vor allem nicht mehr so reich, also gab es auch Aussee billiger, und jene betuchten Leute, die vor dem Krieg vor allen in Praunfalk ihre Villen als Spekulationsobjekte und Quartiere für wohlhabende Gäste errichtet

hatten, fanden es nun recht angenehm, nicht im ausgebluteten Wien, sondern in ihren schönen Ausseer Häusern zu leben.
Eine bisher unbekannte, ein wenig liederliche Leichtlebigkeit hatte auch das Ausseerland erfaßt, und in der Pension Edelweiß an der Marktleite gab es nicht nur eine Bierschwemme, sondern auch eine Bar, in der Monat für Monat frisch importierte Damen Ausseer Bürger verwirrten, deren Frauen ärgerten und überdies den Fremdenverkehr auf ihre Art neu interpretierten.
Künstler aller Art, Wissenschaftler und andere bunte Vögel fühlten sich, von den rigiden Regeln einer höfisch orientierten Gesellschaft befreit, jetzt erst recht so richtig wohl im Ausseerland. Jakob Wassermann erwarb 1922 die Villa Andrian in Altaussee und notierte mit grimmigem Glücksgefühl: „Altaussee ist kein Dorf, sondern eine Krankheit, die man nicht loswird.“ Zuvor hatte er in der „Fieltsch-Villa“ gewohnt, auch keine schlechte Adresse, bedenkt man, daß heutzutage Klaus Maria Brandauer dort residiert. Wassermann war ein erfolgreicher Schriftsteller, ein Bestsellerautor seiner Zeit, dessen Werke in 35 Sprachen übersetzt wurden. Sein „Tagebuch aus dem Winkel“ hat unter anderem auch das Ausseerland und seine Bewohner zum Thema. So beschreibt er eine Bäuerin, die auf dem „Sattel“ zwischen Altaussee und Grundlsee wohnte: „Vor einigen Monaten hat die Kaunzin ihren 95. Geburtstag gefeiert. Sie spricht von ihren Jahren mit Gelassenheit, aber wenn andere Leute sich anerkennend darüber äußern, nickt sie mit einer Art von Stolz und scheint nicht gesonnen, sich das Verdienstliche ihrer Leistung streitig machen zu lassen. Es ist, als wäre sie stolz auf ihren Körper, auf die Arme und Schultern, daß sie getragen haben, was sie getragen haben, auf die

Augen, daß sie gesehen haben, was sie gesehen haben und dabei immer noch hell und freundlich blicken, auf die Füße, die so viele Wege gegangen sind, freilich nur in dieser einen, engen Landschaft, bergan, bergab, talwärts, dorfwärts, waldwärts, pflügend, säend, mähend. Sie hat Kinder, Enkel und Urenkel. Fast in jedem Jahr einmal ist der Tod erschienen und hat sich einen geholt. Der letzte, den er rief, war ihr Mann, der ist nur sechsundachtzig geworden, wie sie mit einem Ton zwischen Bedauern und Geringschätzigkeit bemerkt." Jakob Wassermann gehörte zu jenen, die am Wahnsinn des Nationalsozialismus zerbrachen. 1934 starb er. Die Altausseer behielten ihre Alltagstracht an, als sie ihn zu Grabe trugen. „Denn", so sagten sie, „der Herr Wassermann hätte keinen Pomp gewünscht. Der Herr Wassermann war ein einfacher Mann." Sein Grab auf dem Altausseer Friedhof ist nur ein paar Schritte von seinem ehemaligen Wohnhaus entfernt, und nachdem die braunen Herrschaften abgetreten sind, herrscht auch wieder friedliche Nachbarschaft zwischen Leben und Tod.

Friedrich Torberg war auch so einer, der von Altaussee nicht mehr loskam und der diese Bindung auch in Worte faßte: „Anders als die übrigen Perlen des Salzkammergutes ist Altaussee keine Durchgangsstation. Hier bildet die Natur gewissermaßen eine Sackgasse. Wer nach Altaussee kommt, will nirgends hin als nach Altaussee, und wollte er's, so könnte er's nicht. Von hier aus geht's nicht weiter. Altaussee ist ein Abschluß, ein krönender Abschluß. Die Berge ‚liegen' nicht einfach am See, sie umfassen und umhegen ihn, sie bilden beinahe eine Art Festung, in der man sich wohlig geborgen fühlt. Ich weiß genau – und dieser spontane Eindruck hat sich von meiner Kindheit her bis in die heutige Rationalisierung erhal-

ten –, daß es dieses Gefühl der Geborgenheit war, ja schon fast ein Gefühl der Zugehörigkeit, das mir hier und nur hier zuteil wurde . . ."
Torberg besuchte in Altaussee Jakob Wassermann, er stieß hier auf Fritz von Herzmanovsky-Orlando, den dämonischen Zeitzeugen tarockanischer Vertrottelung und allerskurrilster Verirrungen, dessen persönliche Erscheinung Marietta Torberg einmal in gewohnter Prägnanz beschrieb: „Ich komme in Altaussee ins Café Fischer; sitzen dort zwei Möpse. Der eine war der Herzmanovsky." Torberg war auch mit Hermann Broch befreundet, jenem Fabrikantensohn, der eine glänzende Existenz als erfolgreicher Industrieller fast übergangslos mit dem unsteten Leben eines Philosophen und Dichters vertauschte. Broch lebte zurückgezogen in einem Altausseer Bauernhaus und arbeitete dort vor allem an seinem literarischen Lebenswerk „Der Tod des Vergil". Als am 13. März 1938 der „Anschluß" Österreichs an Deutschland proklamiert wurde, stach den neuen Machthabern der Umstand ins Auge, daß Broch eine russische Zeitung abonniert hatte. Also rückten vier schwerbewaffnete Gestapo-Leute an, um den verdutzten Dichter als Staatsfeind in das Gerichtsgefängnis von Bad Aussee zu stecken. Dort traf Broch zu seiner nicht ungetrübten Freude auch gleich einen alten Bekannten an: Josef Khälß, den späteren Bürgermeister. Weil allerdings in Aussee auch das Gefängnis nicht gar so unerbittlich ist wie anderswo, brachte man dem Dichter seine Unterlagen in die Zelle, damit er weiterschriebe, und als am Josefitag Khälß ein wenig trübsinnig Namenstag feierte, überreichte ihm Broch, schon wieder heiter, ein Porträtphoto mit Widmung: „Zum Namenstag in einer Zelle – Dem Seppl Khälß – Dein Haftgeselle." Bald darauf verließ Broch mit seiner Familie Öster-

Fabrikantensohn, Industrieller, Philosoph, Dichter und Insasse des Ausseer Gerichtsgefängnisses: Hermann Broch.

reich für immer und starb 1951 in Amerika – als Professor für deutsche Literatur an der Yale University.

Altaussee mag als Dichterwinkel kaum zu übertreffen sein, doch auch das heitere Land rings um den Grundlsee hat keinen Grund, über einen Mangel an kreativer Prominenz zu klagen. Das ist unter anderem dem Wirken einer sehr bemerkenswerten Frau zuzuschreiben: Dr. Eugenie Schwarzwald. Die waschechte Österreicherin aus Polupanowka bei Czernowitz hatte Ende des 19. Jahrhunderts die Stirn, in Zürich Philosophie zu studieren und dieses anmaßende Unterfangen 1900 auch noch mit der Erlangung des Doktortitels abzuschließen. Wie zu befürchten war, setzte sie sich als Schulreformerin energisch für Mädchen- und Frauenbildung ein und fand nicht einmal etwas daran, Mädchen und Knaben im Sinne koedukativen Unterrichts auf das bedenklichste zu vermengen. Schon während des Ersten Weltkrieges war Eugenie Schwarzwald in vielen Sozialprojekten hilfreich tätig geworden, und als sie endlich nach Grundlsee kam, faßte sie mit ungebrochener Tatkraft ein verfallenes Hotel ins Auge. Sie ließ es nach ihren Vorstellungen erneuern und gründete 1920 ein „Erholungsheim für geistige Arbeiter". Da Eugenies Einladungen von verbriefter Unwiderstehlichkeit waren, trafen sich bald geistige Arbeiter aller Art im schönen Haus „Seeblick", hoch über dem Wasser: Literaten und Musiker, Schauspieler und Maler, Philosophen und Ärzte, aber auch aufgeschlossene junge Leute. Eine treffende Charakteristik dieses kreativen Tummelplatzes ist im Gästebuch zu finden: „Buben, schlank wie Tann und Pinie,/Damen mit und ohne Linie,/Mädeln blond und schwarz umwehte,/Kammer-, Hof-, Kommerzienräte,/Mütter mit unzähl'gen Sprossen,/umsturzbrütende Genossen,/Filmstars, Grafen, Professoren,/Lyriker und Schwankautoren,/Studiosen, weib- und männlich, meist an Riesenbrillen kenntlich,/Mediziner und Juristen,/Monarchisten, Kommunisten,/heftig ringende Talente,/abgebrühte Prominente,/alle Rassen, alle Klassen,/ die sich draußen grimmig hassen,/zahn- und klaunbewehrte Leuen,/die sich draußen grimm bedreuen/unter Frau Eugeniens Rehblick/werden Lämmer sie im Seeblick." Jede Meinung wurde in diesem Haus geachtet, wenn sie klug begründet und überzeugend formuliert wurde, jede Strömung bekam ihr Recht, solange sie eine geistige Strömung war. Intoleranz, Haß und dumme Willkür hatten allerdings im Seeblick nichts zu suchen. So

Schulreformerin im Sinne der Gleichberechtigung und sanfte Herrscherin über den Seeblick, das „Erholungsheim für geistige Arbeiter“: Eugenie Schwarzwald.

gesehen ist es ganz selbstverständlich, daß diese Institution das Jahr 1938 nicht überstehen konnte. Eugenie Schwarzwald starb vier Jahre später in ihrem Züricher

Exil. Der „Seeblick“ verträumte die nächsten paar Jahrzehnte, aber es war ein trister, grauer Traum, und ein finanzgewaltiger Prinz, der jüngst einherritt, um die schlafende Schönheit wachzuküssen, versteht sich mehr aufs Vergewaltigen. Aber so sind die Prinzen eben, heutzutage, und für die „Rebenburg“ am Ufer unter dem „Seeblick“, das Haus, in dem Sigmund Freud seinen letzten Grundlsee-Urlaub verbrachte, will sich überhaupt keiner finden.

Zum Ausgleich dafür tut sich nach Gößl zu im Hause Gabillon und ringsum eine ganze Menge. Der berühmte Burgschauspieler Ludwig Gabillon hatte das Anwesen 1875 erworben, und bald wurde das Haus „Im Kreuz“ zum Treffpunkt der Wiener Hochkultur. Als Gabillon 1896 starb, wohnten seine Töchter darin. Später wurde es dann sehr still um die Villa am See, bis unserer Tage endlich der Richtige kam: Wieder ein Burgschauspieler, Romuald Pekny, erwarb das Haus, baute es stilvoll um und machte es wieder zu einem Ort kultureller Begegnung. Er wohnt ja auch in einer sehr inspirierenden Umgebung: In einem Nachbarhaus lebt seit Menschengedenken Elisabeth Viertel, die Frau des schon 1953 verstorbenen Regisseurs und Schriftstellers Berthold Viertel, und zur anderen Hand wohnt die Witwe des Schauspielers Paul Dahlke, die Künstlerin Elfe Dahlke-Gerhart.

Jedenfalls war das Ausseerland zwischen den Kriegen eine Bühne, die Platz für ebenso interessante wie spannende Inszenierungen bot. Gegensätze, die anderswo unüberbrückbar schienen, kamen in der freundlichen Diskretion der Sommerfrische recht gut miteinander aus, und die Ausseer, eigentlich von Herzen unpolitisch, zeigten sich von der erstaunlichen Vermengung einander eigentlich feindlicher Kräfte wenig beeindruckt. Als dann der Zweite Weltkrieg so verdächtige Regungen wie Vernunft, Toleranz oder gar Heiterkeit aus den Köpfen und aus dem Lande vertrieb, verhärteten sich auch im Ausseerland die Fronten. Andererseits: Mit derlei Dingen hatte man hierzulande herzlich wenig Erfahrung. Also gerieten die Fronten bald ein wenig aus der Form, oder gerieten gar ineinander, oder hatten zwar steinharte Wälle, aber eine Basis, wie geschaffen für Wühlmäuse.

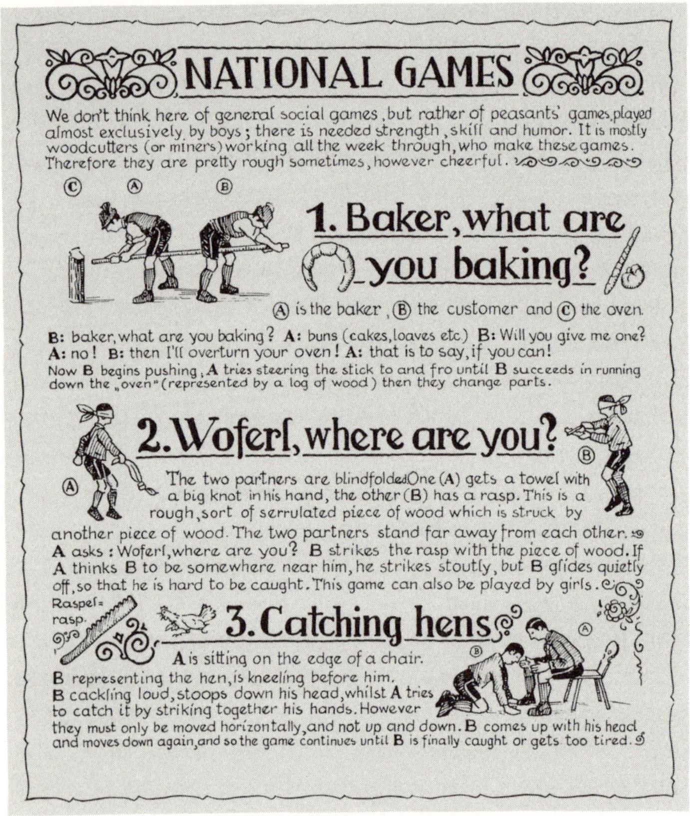
NATIONAL GAMES

We don't think here of general social games, but rather of peasants' games, played almost exclusively by boys; there is needed strength, skill and humor. It is mostly woodcutters (or miners) working all the week through, who make these games. Therefore they are pretty rough sometimes, however cheerful.

1. Baker, what are you baking?

(A) is the baker, (B) the customer and (C) the oven.

B: baker, what are you baking? A: buns (cakes, loaves etc) B: Will you give me one? A: no! B: then I'll overturn your oven! A: that is to say, if you can!
Now B begins pushing, A tries steering the stick to and fro until B succeeds in running down the „oven" (represented by a log of wood) then they change parts.

2. Woferl, where are you?

The two partners are blindfolded. One (A) gets a towel with a big knot in his hand, the other (B) has a rasp. This is a rough, sort of serrulated piece of wood which is struck by another piece of wood. The two partners stand far away from each other. A asks: Woferl, where are you? B strikes the rasp with the piece of wood. If A thinks B to be somewhere near him, he strikes stoutly, but B glides quietly off, so that he is hard to be caught. This game can also be played by girls.

Raspel = rasp.

3. Catching hens

A is sitting on the edge of a chair.
B representing the hen, is kneeling before him.
B cackling loud, stoops down his head, whilst A tries to catch it by striking together his hands. However they must only be moved horizontally, and not up and down. B comes up with his head and moves down again, and so the game continues until B is finally caught or gets too tired.

Aussee international: Hans Gielge verfertigte diesen Prospekt für amerikanische Reisegruppen in liebevoller Handarbeit.

DIE ALPENFESTUNG

Das dunkelste Kapitel in der Geschichte des Ausseerlandes hat viele gefunden, die versuchten, es in Worte zu fassen, aber keinen, dem das wirklich gelungen wäre. Schön wär's, wüßte man, welche Hälfte der unzähligen Halbwahrheiten richtig ist und ob es den Eisberg, dessen sichtbare Spitze allerorten beschrieben wird, überhaupt gibt. Fest steht, daß der Krieg im Ausseerland lange Zeit sozusagen unter Ausschluß der Öffentlichkeit stattfand. Seine Auswirkungen waren schmerzlich spürbar, schlimm genug, aber die wahren Greueltaten geschahen diskret. Die hier in geradezu erschreckender Zahl versammelte NS-Prominenz, ihre eifrigen oder ängstlichen Mitläufer und ihre vorsichtigen Gegner saßen dicht an dicht, kannten einander gut und wußten – jeder auf seine Weise – die seltsame Ruhe im politischen Mikrokosmos Ausseerland zu schätzen und zu nützen. Erst gegen Ende des Krieges, als dramatische Ereignisse eindeutige Positionen und gezieltes Handeln erzwangen, zerriß dieses seltsame Geflecht, um wenig später, als es sich der ärgsten Missetäter entledigt hatte, erstaunlich rasch wieder zusammenzuwachsen. Jedenfalls kam das Ausseerland ziemlich unschuldig zur gespenstischen Ehre, Mittelpunkt einer imaginären „Alpenfestung" zu werden. Einerseits war seine besondere geographische Lage dafür ausschlaggebend, andererseits wohl auch der Umstand, daß sich in einer Gegend, in der die schönsten jüdischen

Villen ihrer Arisierung harrten, ein angenehmer Aufenthalt mit dem schrecklichen Nutzen so trefflich verbinden ließ. Zwei Schauplätzen kommt besondere Bedeutung zu: dem Toplitzsee und dem Altausseer Salzbergwerk.

Die militärisch relevante Geschichte der Gegend um das kleine Dorf Gößl hat ihre Anfänge schon im 18. Jahrhundert. Damals kaufte der Wiener Großindustrielle Johann Roth ein Grundstück am Grundlsee und beauftragte seinen Bruder damit, darauf ein Jagdschloß zu errichten. Vater Roth hatte seinen Söhnen eine harmlose, aber einträgliche Metallknopferzeugung hinterlassen; die beiden Brüder machten daraus eine hochbrisante, aber noch viel einträglichere Munitionsfabrik. Als nach dem Ersten Weltkrieg die Konjunktur des Schreckens abflaute, ging es mit der Familie Roth bergab. 1927 mußte Konkurs angemeldet werden, doch die Villa am See blieb seltsamerweise im Besitz der Familie. Der Theatralik des Ausseerlandes entsprechend, mußte es natürlich Attila Hörbiger sein, der unmittelbar nach Kriegsbeginn eine grausige Entdeckung machte. Seine Tochter Elisabeth Orth berichtet in ihrem Buch „Märchen meines Lebens“: „Die Kriegserklärung am 1. September 1939 überraschte unsere Familie im Sommerurlaub am Grundlsee, wo meine Eltern ein Stockwerk in einem Gebäude namens Roth-Villa gemietet hatten, zwar ein abenteuerliches Gebilde aus der Gründerzeit, in meiner Erinnerung aber noch heute ein schmuckes Schlößchen mit Butzenscheiben, Türmchen und einem Erker, nicht weit vom See gelegen, auf dem mein Vater Motorboot fahren konnte, meine Mutter aber lieber mit einer Zille ruderte, um einfach über die glitzernde Oberfläche des Sees blicken zu können. Im obersten Stock dieser Roth-Villa wohnte ein junges Paar, und als dieses eines Morgens nicht zum Früh-

Erst war die Villa Roth ein beliebtes Jagdschloß, blieb dann fast unbewohnt und erwachte im Zweiten Weltkrieg zu einer neuen, düsteren Existenz.

stück erschien und oben alles ruhig blieb, bat man meinen Vater, er möge doch die Tür aufbrechen. Er tat es und fand die beiden. Sie hatten sich umgebracht aus Angst vor dem Kommenden."

Das Schlößchen war frei für eine andere Art von Gästen. In der Tat fühlte sich 1941 Familie Goebbels hier sehr wohl; die älteren Kinder besuchten gar die Gößler Dorfschule. Der Fremdenverkehr im Ausseerland hatte sich übrigens schon vor Jahren auf barsche Anordnung hin kraß gewandelt. 1938 teilte die Ausseer Kurkommission nicht ganz freiwillig mit: „Die Gauleitung der NSDAP Steiermark hat verfügt, daß der Aufenthalt von Volksgenossen in den Kurorten und Sommerfrischen der Steiermark in Zukunft nicht mehr durch die Anwesenheit von Juden gestört werde und hat alle Ortsgruppenleiter angewie-

sen, die entsprechenden Verfügungen zu erlassen. Dementsprechend wird die Bevölkerung des Bezirkes Bad Aussee dazu aufgefordert, unter keinen Umständen Wohnungen oder Zimmer an Juden zu vermieten."
Die neuen Herren genossen die „Ungestörtheit" offensichtlich. 1939 kam Gauleiter Eigruber angereist, und wenige Wochen später faßten nicht weniger als neunzig politische Leiter der NSDAP nachdenklich jenes dunkle Gewässer ins Auge, das schon Erzherzog Johann und Anna Plochl zum Schicksal geworden war. Die Zwangsumarmung des unschuldigen Winkels wurde zunehmends inniger: in Gößl klang gar das blonde Gelächter von zwanzig besonders einsatzfreudigen Mädels des BdM aus einer alten Holzknechtstube – die jungen Damen halfen den Bauern bei der Feldarbeit. Als dann auch grellste Propaganda nicht mehr ausreichte, das häßliche Gesicht des Krieges wegzuschminken, wurde die Hinwendung der Partei zusehends unverblümter. Die Waffen-SS hielt in Gößl Schießübungen ab, später folgte die Artillerie und schoß versuchsweise häßliche Löcher in die Gößler Wand. Parallel dazu nahm die Chemisch-Physikalische Versuchsanstalt der Deutschen Kriegsmarine ausgerechnet im Gebirge jene Tätigkeit auf, die bis heute Anlaß zu den wildesten Spekulationen und nicht minder beunruhigenden Klarstellungen gibt. Jedenfalls wurde intensiv gearbeitet, sogar im braven Gasthaus Veit war zur Instandhaltung der Meßinstrumente eine feinmechanische Werkstatt eingerichtet. In der seltsamen Villa Roth befand sich die offizielle Dienststelle der Versuchsanstalt. Nach einer Reihe von Sprengstoffversuchen kam die Arbeit am Projekt einer Unterwasserrakete, treudeutsch „Ursel" genannt. So wurde am Toplitzsee gebastelt und erprobt, erforscht und versenkt, bis auch noch

so hektische Bemühungen mit dem Ende des Krieges ihren Sinn verloren. Am Toplitzsee und in der Villa Roth ging man hastig daran, zu vernichten, was keiner sehen sollte: Sprengstoff, ob in Form von Akten oder Treibsätzen, Geräte, Waffen und Meßinstrumente. Auch ein Transport des „Unternehmens Bernhard“ rollte herbei und brachte Druckmaschinen sowie jene gefälschten Pfundnoten, die bis heute so manches Tauchers Herz erfreuen und in aller Unschuld die Stube des Gasthofes Veit zieren. Seitdem versuchen Forscher jeglicher Qualität dem Geheimnis des dunklen Sees im buchstäblichen Sinne des Wortes auf den Grund zu gehen, offiziell oder offiziös, gekonnt oder dilettantisch; jedenfalls mit eher dürftigen Ergebnissen: eine Leiche, ein blinder Wurm, Pfundnoten . . . Natürlich gibt es Ausseer, die es besser wissen. Die aber wissen, daß sie besser daran tun, nichts zu wissen.

Nachsatz: Die Villa Roth gehört heute wieder einer Industriellenfamilie, die allerdings mit Kriegsgerät nicht das geringste zu tun hat, und auch ihr treuester Sommergast befaßt sich allenfalls mit dem Abschießen von Pointen: Hans Joachim Fuchsberger.

Um nichts weniger aufregend ist eine andere Geschichte. Auf die komplizierte Frage, wo Michelangelos Madonna, der Genter Altar, der Tassilo-Kelch, die erlesensten Werke von Rembrandt, Breughel, Dürer, Van Dyck oder Caravaggio an einem Ort zu finden seien, hätte es 1945 nämlich eine sehr einfache Antwort gegeben: im Salzbergwerk Altaussee. Es waren natürlich besondere Umstände, die Knappen eines Tages dazu zwangen, nicht nur Bodenschätze aus dem Berg zu holen, sondern auch Kunstschätze in ihn hineinzutragen. Als sich für die Nationalsozialisten ein fatales Ende des Zweiten Weltkrieges abzeichnete, wurde der Plan gefaßt, Kunstgüter in Bergwerken bombensicher zu lagern. Im Altausseer Salzberg wurden Fachleute auf ein Gemälde in der Barbarakapelle aufmerksam, dessen Farben sich über Jahre hinweg in unveränderter Frische erhalten hatten. Das lag an einem optimalen Klima in dieser dunklen Welt, tief unter der Erde: 74–78 Prozent Luftfeuchtigkeit und eine gleichbleibende Temperatur von sieben Grad. Es gab noch mehr Gründe, die dafür sprachen, hier eine der größten Schatzkammern der Welt einzurichten: Das Bergwerk ist einsam gelegen, Bomben können es nicht gefährden, und es steht eine Lagerfläche von 40.000 Quadratmetern zur Verfügung – das entspricht ungefähr der Ausdehnung von vier Fußballplätzen. Also begann im Ausseerland ein emsiges Treiben: Züge, beladen mit Kunstschätzen aller Art, rollten im kleinen Bahnhof ein, Lastkraftwagen übernahmen den Weitertransport, und sogar im Winter bahnten sich schwere Kettenfahrzeuge den Weg zu den hochgelegenen Stollenmündern. Die wenigen Knappen, die bislang der Einberufung entgangen waren, mußten nun nicht nur ihrer angestammten Arbeit im vollen Umfang gerecht werden, sondern auch noch das Einlagern von Kunstschätzen besorgen. Zu guter Letzt lag ein Schatz im Wert von etwa siebzig Milliarden Schilling in der Tiefe des Berges; doch beunruhigenderweise standen dort auch noch Kisten mit der unverfänglichen Aufschrift: „Vorsicht! Marmor! Nicht stürzen!“ Darin aber steckte Sprengstoff, mehr als ausreichend, um alle Kunstwerke zu vernichten, bevor sie in die Hände der Amerikaner geraten konnten. Der Befehl aus Berlin lautete, bei Gefahr nur die Stollenmünder zu sprengen. Für Gauleiter Eigruber, einen Endsieger von der ganz radikalen Sorte, war das eine halbherzige Lösung: er änderte den Befehl

Ein Salzberg mit Zusatznutzen: erst als ideales Depot für Kunstschätze mit Milliardenwert, heute als eindrucksvolle Bühne für hochkarätige Mimen.

eigenmächtig ab und ordnete an, auch die Kunstschätze zu vernichten. Damit war allerdings eine ganze Menge Leute nicht einverstanden: die Ausseer vor allem, die in erster Linie um ihren Salzberg bangten, Museumsleute, die fernab jeder Weltanschauung den Verlust unersetzlicher Güter beklagten, die künftigen Sieger und letztlich sogar Hitler, der nicht vergeblich geraubt und gehortet haben wollte. Diese eigentümliche Allianz wurde von einigen klugen und tatkräftigen Leuten geschickt dazu benutzt, letztlich positiv zu wirken. Der damalige Generaldirektor der alpenländischen Salinen versuchte in einer Vorsprache, Eigrubers Vernichtungsbefehl wenigstens hinauszuzögern und informierte auch den Altausseer Bergbaubetriebsleiter Ing. Otto Högler über den Inhalt der verhängnisvollen Kisten. Hastig versuchte man, die wichtigsten Kunstschätze in einen anderen Teil des Bergwerkes zu verlagern und schob überdies listig auch dem Führerhauptquartier Informationen über die drohende Vernichtungsaktion zu. Von dort kam auch wirklich am 22. April 1945 der Befehl, nicht zu sprengen. Erfreut wollte der Bergbaubetriebsleiter dem Auftrag nachkommen, die gefährlichen Kisten aus dem Bergwerk zu entfernen, als sich ein rabiater Gauinspektor in Szene setzte und gleich drohte, den wackeren Bergmann zu erschießen. Gauleiter Eigruber tat ein Übriges und untersagte abermals den Abtransport der Kisten, von deren brisantem Inhalt inzwischen alle Bergleute wußten. Am 3. und 4. Mai 1945 prallten dann der sture Wille zur Zerstörung und die hektischen Versuche, sie zu verhindern, endgültig aufeinander. Als Ing. Högler erfuhr, daß demnächst ein Sprengkommando eintreffen sollte, versammelte er die Knappen, um unter ihnen Freiwilige zu suchen, die bereit sein sollten, den Sprengstoff zu bewachen und notfalls auch seinen Abtransport zu wagen. Die gesamte Belegschaft stellte sich zur Verfügung. Einem der Knappen gelang es, den Kontakt zum Chef des Reichssicherheitshauptamtes Ernst Kaltenbrunner, der in Aussee Urlaub machte, herzustellen. Also ging Ing. Högler unerschrocken daran, den Teufel mit dem Beelzebub auszutreiben. Kaltenbrunner, sein Schicksal nach Kriegsende bedenklich ins Auge fassend, versprach, den Abtransport zu decken. Frohlockend erteilte Högler den Auftrag, den Sprengstoff während der Nacht aus dem

Bergwerk zu bringen. Um 20 Uhr 15 fuhren die Knappen in den Berg, fünfzig Minuten nach Mitternacht waren acht Bomben auf der Steinberghalde deponiert: eine böse Nachricht für Gauleiter Eigruber, der unter der Drohung, Högler beseitigen zu lassen und Kaltenbrunner abzusetzen, befahl, die Kisten wieder ins Bergwerk zu schaffen. Krisengipfel Högler – Kaltenbrunner. Dramatisches Telephonat Kaltenbrunner – Eigruber. Am Ende war es dann doch gestattet, die Bomben zu lassen, wo sie lagen. Am 5. Mai wurden die Stollenmünder durch Sprengungen verschlossen und die Kunstschätze damit abgesichert. – In den ersten Jahren nach Kriegsende meldeten sich dann Helden aller Art zu Wort, jeder stellte seine Rolle in den Mittelpunkt und hatte damit nicht einmal gänzlich unrecht.

Die bemerkenswerteste Tat war allerdings nur gemeinsam zu erbringen: der geniale Gebrauch böser Werkzeuge zum guten Werk. Ganz abgesehen davon zeigt sich Heldenmut wie gewohnt am eindrucksvollsten dort, wo er kein Theater macht: den Knappen war vermutlich nicht allzu wohl in ihrer Haut, als sie die Kastanien aus dem Feuer holten. Aber es mußte sein.

Medienpolitischer Nachtrag: Wenn es sich heutzutage wieder einmal fügt, daß der profunde Historiker und vom Fernsehvolk geliebte Moderator, Horst Friedrich Mayer, und der Fernsehmann und Poet aus dem Land der Berge, Lutz Maurer, beim Lewandofsky beieinander hocken, wenn womöglich noch der Kamera-Zauberer Stefan Mussil und der lokale Wort-Equilibrist Peter Musek in der Nähe sind, kann es geschehen, daß halb im Scherz – doch das weiß man nie so genau, bei solchen Leuten – die Gründung von „Radio Ausseerland“ erwogen wird. Nach all dem, was hierzulande vorgefallen ist, kann es einen nicht wundern, wenn man erfährt, daß es etwas in dieser Art natürlich schon einmal gegeben hat. Als zu Kriegsende Aussee sozusagen zum Reservat für die nationalsozialistische Prominenz geworden war, hielten sich die Herren, der Bedeutung des Radios wohl bewußt, auch einen eigenen Sender. Vor allem Gauleiter Eigruber verlautbarte dort seine nicht allzu beliebten Weisungen über den „Widerstand bis zum letzten Mann". Die Anlagen des Ausseer Studios stammten aus Wien und Graz und waren im Haus „Dachstein", nahe dem Hotel „Wasnerin", und auch im Teichschloß untergebracht, jenem Haus, in dem vor Jahrhunderten Salzverweser residiert hatten. Programmleiter war Andreas Reischek, das Musikprogramm stellte Prof. Friedrich Nidetzky zusammen, der nach dem Krieg am Brucknerkonservatorium in Linz lehrte. Mit Andreas Reischek hatten die Nationalsozialisten allerdings einen Rundfunkmann ins Land geholt, dem die Wahrheit wichtiger war als die Interessen seiner Auftraggeber. Er arbeitete mit der Widerstandsbewegung zusammen und informierte sie über geplante Sendungen. Als dann die Partisanen den Sender einige Tage vor dem Einmarsch der Amerikaner im Ausseerland einnahmen, blieb Reischek gleich im Amt; sein Sender hieß nun „Freiheitssender Ausseerland".

So ganz ohne Manipulation kamen in diesen schwierigen Zeiten allerdings auch die neuen Programmgestalter nicht aus, wenn auch die Motive edlerer Natur waren. So strahlten sie, um die in Mitterndorf stationierte SS-Einheit zu entmutigen, folgende Falschmeldung aus: „Zwanzig Panzer der österreichischen Widerstandsbewegung fahren in Richtung Mitterndorf. Zwanzigtausend Mann, Luftlandetruppen Titos, sind über dem Toten Gebirge abgesetzt worden und befinden sich ebenfalls auf dem

Marsch nach Mitterndorf, um Skorzeny mit seinen achthundert Mann SS gefangenzunehmen." Darob erschreckt, zog sich die Truppe zurück, eine blutige Auseinandersetzung war verhindert.

Als die Amerikaner am 8. Mai 1945, Brot und Kaugummi verteilend, in Aussee einzogen, stellten sie auch den Freiheitssender unter ihre Aufsicht, Andreas Reischek durfte weiterwerken. Ein paar Tage später verstummte „Radio Aussee", und in Salzburg wurde der Sender „Rot-Weiß-Rot" eröffnet. Andreas Reischek ging als Intendant nach Linz und später nach Wien. Urlaub machte er natürlich im Ausseerland.

Bildungspolitischer Nachtrag: Wenn sich André Heller (Genie), Peter Schachner-Blazicek (Polit-Profi), Thomas Prinzhorn (Papierfabrikant) und Dipl.-Ing. Jürgen Kreiner (Finanz-Tycoon) mit durchaus gemischten Gefühlen an eine gemeinsame Mittelschulzeit erinnern können, haben sie das einem Mann zu verdanken, der als virtuoser Mitspieler im Spiel der Mächtigen auch noch zum Schulgründer wurde: Dr. Wilhelm Höttl. Der gewesene NS-Geheimdienstchef für Italien und den Balkan, Obersturmbannführer an Kaltenbrunners Seite, hatte in den letzten Kriegsmonaten in Bern mit Agenten des amerikanischen Geheimdienstes Verhandlungen über einen Separatfrieden geführt. Die Gespräche scheiterten, und Höttl zeigte sich nun auch gegenüber der Ausseer Widerstandsbewegung gesprächsbereit. Als die Amerikaner die Macht ergriffen hatten, stellte er ihrem Geheimdienst umfassende Informationen über sein Agentennetz zur Verfügung und war auch beim Nürnberger Prozeß alles andere als schweigsam. Er schrieb dann ein Buch, unter Pseudonym und ohne die eigene Rolle zu erwähnen: „Die geheime Front". Nicht zuletzt die Erlöse aus diesem Bestseller ermöglichten es Dr. Höttl, jene Schule zu gründen, in der endlich wieder alle Weltanschauungen vereint waren, weil es den meist recht betuchten Eltern hauptsächlich darauf ankam, ihre lernunwilligen Spößlinge über die Runden zu bringen.

Anfang der sechziger Jahre verlor die Schule das Recht, öffentlich anerkannte Zeugnisse auszustellen; ein rascher Konkurs war die Folge. Dr. Höttl wandert indes als betagter Pensionist durch das Ausseerland, und wenn eigentlich bis heute keiner so recht weiß, wohin er wann auf welche Weise gehörte – er weiß es.

DIE „ALPENPOST“

Wenn einer der unzähligen Prominenten, die Ausseer sind, sich für Ausseer halten oder in Aussee Urlaub machen, eine Auszeichnung bekommt, einen Titel erwirbt, ein Buch schreibt oder einen großen Gedanken faßt, ist es nicht so wichtig, ob Funk oder Fernsehen davon Notiz nehmen: Hauptsache, es steht in der „Alpenpost“. Hochkarätige Schreiber, die allenfalls von nicht minder gediegenen Honoraren dazu bewogen werden können, seufzend zur Feder zu greifen, wühlen geradezu lustbetont in ihrem Wortschatz, wenn die „Alpenpost“ sie bittet, etwas zu schreiben, kostenlos, versteht sich. Dieser willfährigen Prominenz stehen dann die sperrigen Zeilen irgendwelcher Ausseer gegenüber, die auch so ihre Meinungen haben, und all dies wird von einem Redakteur verbunden, kommentiert, konfrontiert, abgewogen und mit Informationen angereichert, der von Kindesbeinen an gelernt hat, Harmonie in der Vielfalt zu sehen: Peter Museks Vater war Gemischtwarenhändler.

Dem Kenner Ausseer Verhältnisse drängt sich der Verdacht auf, daß eine Zeitung dieser Art eigentlich kaum jünger als hundert Jahre sein dürfte. In der Tat: Die „Alpenpost“ ist sogar etwas älter. Am 1. April 1885 wurde sie als „Steirische Alpenpost“ erstmals gedruckt und erschien von da an jeden Samstag, abends um sechs Uhr. Sie weigerte sich von allem Anfang an, ein inhaltsleeres Werbeblättchen oder eine tratschsüchtige Lokalpostille

zu sein, umfaßte stattdessen mutig das gesamte journalistische Spektrum und vergaß dabei nie, wo sie zu Hause war. Daß zum Beispiel in der Ausgabe vom 10. Oktober 1886 die „Politische Wochenübersicht“ etwas trocken geriet, lag vermutlich auch an der Art der Politik; immerhin brachte wenigstens das Thema Petroleum etwas Bewegung in die Sache: „Die Verzugsordnung aus dem Jahre 1882 nimmt hauptsächlich das specifische Gewicht und das Aussehen des Petroleums als entscheidende Merkmale zur Basis der Beurtheilung, ob das zu verzollende Product als Rohöl oder als Raffinade zu behandeln sei. Das hat zu der bedauerlichen Unzukömmlichkeit geführt, daß namentlich aus Rußland angebliche Halbdestillate, eigentlich denaturirte Kunstöle, zum mindesten Zollsatze für Rohöl importiert werden, wodurch nicht blos den österreich-ungarischen Reichsfinanzen nach Millionen zählende Verluste zugefügt werden, sondern auch die inländische Urproduktion dem Ruine zugeführt wird.“
Der zweite Aufmacher der Titelseite hatte allerdings eine Schlagzeile, die auf einen Inhalt von dauerhafter Aktualität schließen läßt: „Ein Regentag in Aussee.“ Tatsächlich ging es dem hochgemuthen Autor in seinem Feuilleton eher darum, die traurige wirtschaftliche Situation der Ausseer Kleinbauern darzustellen: „Grüne, braune, auch gelbe Felder, Wiesen und Wälder, Bäche und Seen und dazwischen schmucke Häuschen, aus denen hier und da ein Rauchwölkchen aufsteigt – und die Menschen unten auf der Straße und die Wäglein – alles so klein, still und friedlich . . . und jedes trägt ein winziges Strichelchen an der Basis mit sich herum, welches den Schatten bedeutet, wie die conventionellen Zeichen eines Bildstockes oder Wegkreuzes auf der Generalstabskarte – das Alles so lautlos, sonnenhell und glücklich! Sehen wir aber nä-

her zu, so zeigen sich auf dieser Generalstabskarte gar feine, feine Linien, welche sich von einer Wiese zur anderen ziehen, welche die Häuser und Scheunen umfangen und selbst die liebliche Fläche der Seen mit ihrer heimlichen Macht umspannen: es sind die vielfach verschlungenen und wechselnden Beziehungen der rechtlichen, wirtschaftlichen und socialen Verhältnisse, welche wie tausende und abertausende geheimer Fädchen die Menschen auf unserem Relief leiten und verschieben und welche das Schicksal der leblosen ebenso wie der belebten Objekte dieses Thales bestimmen und regieren. Und trübe zeigt sich dann gar oft, was früher so sonnenhell erschien." Der Autor dieser tiefempfunden Zeilen bewies übrigens lobenswerte Selbstlosigkeit, und die Redaktion hatte das Vergnügen, anzumerken: „Das Autorenhonorar wurde von dem Herrn Verfasser als Beitrag für den Christbaum der armen Kinder am Grundlsee bestimmt und von uns Herrn Albin Schraml übergeben."

An internationalen Tagesneuigkeiten gab es ein paar kaiserliche Hochzeitsprojekte, die Entdeckung eines neuen Planeten, den Diebstahl von Diamanten („Die Polizei hat eine große Anzahl telegraphischer Depeschen ausgesandt, um dem ebenso kühnen als rätselhaften Verbrechen auf die Spur zu kommen") und ein Liebesdrama von wahrlich magyarischen Dimensionen: „In Namor bei Miskolcz hatte der Sohn des dortigen Richters sich die sechzehnjährige Stieftochter des Dorfnotärs zu seiner Geliebten erkoren. Das bildhübsche, unerfahrene Mädchen schenkte ihrem Geliebten unbegrenzte Neigung und das Verhältniß blieb nicht ohne Folgen. Da reifte in dem Liebespaare der Beschluß, vereint zu sterben . . ."

Höchst Bedenkliches gab es auch aus dem Ausseerland zu berichten: „Schon seit längerer Zeit cirkulierten Gerüchte über Differenzen im Schoße unserer Gemeindevertretung, in Folge welcher der Bürgermeister sich veranlaßt gesehen haben soll, von seinem Amte zurückzutreten." Erfreulicheres vermeldete aus dem Kurhaus: „Die im heurigen Frühjahre im Curhause aufgestellte Menschenwaage erfreute sich im Laufe des Sommers einer ausgiebigen Benutzung!" Der Korrespondentenbericht aus Grundlsee läßt allerdings an einen gewissen Mangel an Vorkommnissen denken: „Nun ist das Alpenvieh abgetrieben und weidet bei den Gehöften und hören wir deshalb allseits verschieden klingende Töne der Glocken. Auch unser Liebling, der herrliche Wald erhält ein anderes Aussehen. Von dem Dunkelgrün der hochstämmigen Tannen und Fichten unterscheidet sich das Hellgrün der Lärchen besonders, deren Nadeln im Abfallen begriffen sind, während das Gelb und Roth der Laubbäume eine angenehme Abwechslung bieten . . ." Während also in Grundlsee die Nadeln rieselten, barst eine Sitzung der Curkommission schier ob ihrer bedeutenden Inhalte: Die Verpachtung des Curhausrestauration wurde beschlossen, der Vertrag der Curmusik-Capelle verlängert, man schritt zur Errichtung eines „Badehauses mit Wandelhalle", gönnte sich die Einhebung einer „Cur- und Musiktaxe" und nahm sich vor, die Ausseer Zimmervermieter wieder einmal an ihre Meldepflichten zu erinnern, ein Vorgang, der bis heute nichts von seiner Notwendigkeit eingebüßt hat. Im Inseratenteil pries Michael Muhr seine „Universal-Lederappretur" als „beste flüssige Schnell-Glanzwichse für Schuhe und Pferdegeschirr", Anton Grills Buchdruckerei bot Formulare „für löbliche Gemeinden und Schulen" an, und ein Inserat stellte ganz unverhohlen die neckische Frage „Das schönste Mädchen von Aussee?" und verkniff sich die Antwort. Bis zum heutigen

Tag gibt es in der „Alpenpost“ Inserate, die wenigstens einen doppelten Boden haben und deren Bedeutung darin liegt, daß sie nicht für jeden dahergelaufenen Leser erkennbar ist. So blieb die „Alpenpost“ in vielfacher Hinsicht über die Jahrzehnte ein sehr eigenwillig bedrucktes Stück Papier, und ihr Hang zur Unabhängigkeit machte ihr 1940 auch den Garaus.

Längst gibt es die „Alpenpost“ wieder, und wenn sie Herr Generaldirektor X, Auslandsausseer, irgendwo in der Welt, auf den Schreibtisch bekommt, hat die Financial Times erst einmal Pause.

LAGERSCHÄDEN AM PÖTSCHENPASS

Wirklich weltbewegende Ereignisse nehmen gewöhnlich im Salzkammergut ihren Ausgang. 1914, zum Beispiel, unterschrieb Kaiser Franz Joseph I. in Bad Ischl die Kriegserklärung an Serbien, und kaum dreißig Kilometer entfernt, in Bad Aussee, freute sich der Mechanikermeister Heinrich Kogler über die Geburt seines Sohnes Rudolf. 1928 war Österreich schon zehn Jahre ein Rest und eine Republik, der Knabe Rudolf hingegen begann frohgemut eine Karriere als Mechanikerlehrling im väterlichen Betrieb. Immerhin gab es schon über zehn Autos im Ort. Schon 1899 war der Duft eines neuen, mobilen Zeitalters ins stille Tal gekommen: Von Ischl her donnerte mit zwölf Stundenkilometern Durchschnittsgeschwindigkeit ein Fahrzeug Richtung Aussee, von dem nur überliefert ist, daß es weiß war und ungemein eindrucksvoll. Ein paar Jahre später kam sogar Dramatik ins Verkehrsgeschehen, als ein dreirädriges Wiener Automobil Feuer fing. Der Brand konnte mit Erde erstickt werden, Fahrzeug und Fahrer blieben heil. 1909 fuhr das erste Taxi und zwei Jahre später der erste Autobus: Hans Renner, ein ebenso unerschrockener wie widerspenstiger Pionier jeglicher Entwicklung, befuhr kühn und meist nach Fahrplan die Strecke nach Grundlsee, sein Freund Adolf Stüger schuf die Linie nach Altaussee. Es gab also gewisse Anzeichen dafür, daß die Zukunft eines Mechanikers nicht nur im Flicken von Fahrradreifen, Füllen von Karbidlampen und

Reparieren von Nähmaschinen, Milchmaschinen, Schreibmaschinen und Kinderwagen bestehen würde. Unverdrossen fädelte der Lehrling Rudolf Speichen in Fahrradfelgen, lernte Schweißen, Drehen und Gewindeschneiden und war recht froh über die Tatsache, daß er für seine Lehrzeit wenigstens nicht bezahlen mußte wie die anderen. So blieb manchmal ein kleines Trinkgeld in der Tasche, und für fünfzig Groschen gab es immerhin einen Liter Benzin, einen Liter Milch oder ein Krügel Bier. Das erste eigene Fahrrad hatte allerdings ein Kollege, weil er eisern sparte, statt Wurstsemmeln zu kaufen. Doch auch er unterlag eines Tages einem kollektiven Sündenfall. Ein Amilcar war in die Werkstatt gekommen, einer jener rassigen Sportwagen ohne Differential, die seit 1924 in Wien nach französischem Vorbild gebaut wurden. Die Lehrlinge, von Kraft und Schönheit geblendet, konnten nicht widerstehen. Rudolf griff mit frevelnder Hand zur Kurbel – kein Rückschlag, gottlob, und keine feuergefährliche Fehlzündung –, und die rasende Fahrt konnte beginnen. Sie endete ungefähr fünfzig Meter weiter. Dort stand der Geselle wie ein rächender Gott und wollte nichts von gewaltfreier Erziehung wissen. Daß so etwas passieren würde, war eigentlich jedem klar; das rare automobilistische Erlebnis blieb davon unberührt.
An sich war der Werkstattalltag ja ziemlich trist: Freizeit gab es so gut wie keine, an den Abenden und an Wochenenden wurde gearbeitet, im Winter drohte Arbeitslosigkeit. Zu allem Überdruß gab es Konkurrenz: Gleich nebenan hatte Adolph Prokopp seine Werkstätte und überdies eine Fahrschule. Beide Mechaniker beobachteten scheelen Auges den Schmied, der sich auch an Benzinrössern versuchte. Hoch klingt in diesen mageren Zeiten das Lied vom Pötschenpaß und seinen staubigen 24 Pro-

Waren schon die ersten Autos im Ausseerland beunruhigende und faszinierende Vorboten einer neuen Zeit, so geriet ein Autounfall zur grausigen Sensation.

zent Steigung. War die Paßhöhe endlich erreicht, hielten die meisten Lenker frohlockend an, ohne Fahrtwind versagte die Syphonkühlung ihren Dienst, und dem braven Mechaniker stand ein gewinnträchtiger Lagerschaden ins Haus. Blieb immer noch die Schicksalsfrage: dem Prokopp oder dem Kogler? Da konnte es schon vorkommen, daß Rudolfs eben erst erblühte Schwester Anni beim Herannahen eines Lagergeschädigten federnden Fußes auf das Trittbrett sprang, dem Fahrer einen Blick voll lockender Unschuld zuwarf und ihn zum richtigen Mechaniker geleitete. Der machte sich dann ans Werk: baute den Motor aus, legte die Kurbelwelle frei, goß die Lager mit Blei und Zinn aus, paßte sie an und korrigierte zwischen den Probeläufen. Eine Woche konnte es schon dauern, bis der Motor wieder lief, wie er sollte, und der Rechnungsbetrag entsprach wenigstens dem Gegenwert von zweihundert Krügeln Bier. Ein vergleichweise immer noch geringer Betrag: Arbeitszeit war billig. Streß lohnte sich nicht: Der Mechaniker Rudolf hatte Muße, dem kranken Automobil liebevolle Aufmerksamkeit zu schenken. Jedes dieser Vehikel, die mit letzter Kraft vor seine Tür rollten, war eine schwierige Persönlichkeit mit ausgeprägter Eigenart, die bedächtig zerlegt sein wollte, gründlich begriffen und ordentlich instand gesetzt. Ein paar klobige Maschinen halfen dabei: die große, von Transmissionsriemen bewegte Drehbank, das Schweißaggregat, der Flaschenzug. Fast jede größere Reparatur war eine Expedition in technisches Neuland, und galt es gar einmal, ein kaputtes Getriebe zu reparieren, war Rudolf schon sehr froh, wenn nach getaner Arbeit kein Teil übrigblieb.

Die Lagerschäden vom Pötschenpaß unterbrachen den Alltag auf das erfreulichste, zwischendurch blieb aber nur die Arbeit an den wenigen einheimischen Fahrzeugen, deren Betreiber wohl wußten, wie sie aufzutreten hatten: anspruchsvoll, aber knauserig. Der Fleischhauer ließ sich die Reparatur der Leder-Konus-Kupplung seines zweizylindrigen Tatra ein paar Trümmer Geselchtes kosten, und der grimmige, aber heilsame Dr. Rosenkranz gab seinen Steyr 50 (Werbeslogan: „Ich möcht von dir ein Baby – ein Steyr-Baby“) mit der preismindernden Anmerkung zur Reparatur, daß Mechaniker häufiger Ärzte bräuchten als Ärzte Mechaniker. Feierliche Ergriffenheit und respektvolle Neugier erfüllten die Werkstatt an der Traun, wenn der Salinen-Hofrat Stern lässig seinen Steyr 30 ausrollen ließ: ein seitengesteuerter Sechszylinder mit hinterer Schwingachse. Die hofrätliche Limousine blieb über Jahre ein solitäres Sinnbild für Gediegenheit und Fortschritt: Türen und Räder aus Messing, der Elektrostarter wurde tätig, wenn man das Kupplungspedal energisch durchdrückte. Das motorisierte Fußvolk war indes zweirädrig unterwegs: mit Kaulquappe, Zenith, Horex, Ariel, BSA, Puch LM oder Puch SLG. Doch auch das Entrußen von Zweitaktern trug wenig zum Wohlstand von Vater und Sohn Kogler bei, und so war letzterer anfangs gar nicht so traurig darüber, als Soldat wenigstens einen fixen Sold zu bekommen. Außerdem pflegte er die Motorräder seiner Vorgesetzten mit berechnender Hingabe, um dann an Wochenenden auf dem geborgten Gerät fesch nach Haus zu reiten.

Als der Krieg endlich vorbei war, knüpfte der Mechaniker Rudolf, nunmehr Meister, zukunftssichere Bande: er heiratete Hermine und erwarb einen VW-Käfer mit bulligen 22 PS. Während in den größeren Städten Bombentrichter und Schutthalden die Straßen unpassierbar machten, war die Nachkriegszeit in Aussee aus guten Gründen, wie viele zu wissen glauben, dürftig, aber heil. Die nicht requirierten Autos kamen aus den Verstecken, Autoleichen erwachten unverdrossen zum Leben, aber es fehlte an Reifen und Benzin. Dennoch gab es alle Anzeichen eines ungestümen Neubeginns. Rudolf Kogler, seines Konkurrenten Prokopp nunmehr ledig, sperrte flugs die Werkstätte wieder auf. Wenig später eröffnete er auch noch eine Tankstelle, dort, wo noch hinter den Holzplanken des alten Freibades an der Altausseer Traun feinster Meeressand schimmerte und so gut wie sauberes Wasser blitzte. Das Tankstellenbüro war einfachheitshalber in einer Umkleidekabine untergebracht. Während Hermine den Zapfhahn schwang, vollzog Rudolf energisch die Metamorphose vom Allesreparierer zum Automechaniker und schließlich zum Spezialisten. Doch zwischen Werkstätte und Mechaniker war es nicht mehr wie früher: Das Verhältnis war komplizierter und einträglicher geworden,

Dem friedlichen Gruppenphoto mit dem rassigen Amilcar folgte eine unerlaubte Probefahrt der Lehrbuben – und die Prügelstrafe war noch nicht verboten.

aber auch um vieles sachlicher. Als dann die Zeit kam, es zu beenden, gab es eigentlich keinen Grund zur Trauer. Der Mechaniker besann sich auf die Freuden der Jagd. Alt und sanft geworden, zieht er heute das Füttern dem Schießen vor, und von den Enten, die morgens am Traunufer auf ihn warten, kennt er jede persönlich. Nur manchmal, wenn er über die Pötschen fährt, gerät er ein wenig ins Sinnieren: Breit und harmlos dehnt sich die Straße mit lächerlichen elf Prozent Steigung. Lebt wohl, ihr dampfenden Kühler, seid mir gegrüßt, ihr maroden Lager.

SPURENSICHERUNG: VIA ARTIS

Zu den sieben Welträtseln gesellt sich ein nicht minder unauflösliches achtes: Es ist die Frage nach jener geheimnisvollen Kraft, die Künstler ins Ausseerland lockt, sie dort festhält und nach halbherzigen Fluchtversuchen wieder einfängt. Dazu kommt die erstaunliche Tatsache, daß diese Kraft nicht ungerichtet wirkt, sondern fein zu differenzieren weiß: Scharlatane werden nur im Dienste der allgemeinen Erheiterung angenommen, Künstler zweiter Wahl bleiben unberücksichtigt, doch Künstler allererster Güteklasse, rare Feuergeister also, begnadete Komödianten und lupenreine Poeten, tun besser daran, keinen Widerstand zu leisten, wenn sie der Ruf des Ausseerlandes ereilt.

Ein Teil dieser Anziehungskraft könnte natürlich aus einer Landschaft stammen, die so unglaublich schön ist, daß man sie immer und immer wieder anschauen muß, um es wirklich zu glauben. Auch hält sie für künstlerische Selbstverwirklichung ein reiches Angebot an Szenarien bereit: freundliche Idylle, schroffe Dramatik, knorrige Verschlossenheit, heiteren Glanz, graue Sanftmut oder vierschrötiges Behagen.

Doch der Zauber einer Landschaft, so stark er auch sein mag, kann einen Künstler, dessen Ansprüche nun einmal von edler Maßlosigkeit sind, nicht gänzlich fesseln. Es werden wohl auch die Ausseer ihren Teil dazu beitragen. Zu ihrer Art, Menschen festzuhalten, gehört es seit jeher, sie nicht zu umklammern und nicht zu umarmen, sondern sie eher beiläufig zu berühren, sollte sich die Gelegenheit dazu ergeben. Die bevorzugte Ausseer Denkrichtung ist quer, die gültige Ausseer Wertordnung ist nicht konvertibel, die beste Figur macht einer, der es fertigbringt, auf dem Kopf zu stehen und gleichzeitig mit beiden Beinen fest auf der Erde. Zu solchen Leuten müssen sich Künstler hingezogen fühlen, wohl auch, weil sie sicher sein dürfen, von ihnen nicht analysiert, interpretiert oder katalogisiert zu werden. Ausseer bemühen sich erst gar nicht darum, Unbegreifliches zu begreifen, Maßloses zu messen oder Unpassendes einzuordnen. In der festen Überzeugung, daß in der Wirklichkeit der Narren mehr Vernunft steckt als in der Willkür der Vernünftigen, nehmen sie Künstler als ihresgleichen auf. Das ist schon sehr viel, mehr als mancher Kaiser oder Kanzler sich hätte erträumen dürfen, doch kann es nicht alles sein.

Bliebe also der bescheidene Gedanke, daß es die Beziehung der Künstler untereinander sein könnte, die hierzulande eben besonders gut gedeiht. Damit käme dem Ausseerland die Rolle des Katalysators zu, eine Vorstellung, die man gar nicht rasch genug verwerfen kann. Wer Umgang mit Künstlern hat, weiß, daß sie untereinander keinen Umgang pflegen, es sei denn, um vorsichtig ihre schöpferischen Kräfte zu messen und sich in der schwierigen Kunst liebevoller Rivalität zu üben. Es ist schon so: Jene Kraft, die Schauspieler und Poeten, Maler und Komponisten hier festhält, hat ihren Ursprung im Ausseerland. Der Umstand, daß sie sich einer exakten Analyse entzieht, macht sie nur glaubwürdiger. Sie ist wohl auch von sehr individueller Natur und kennt viele Erscheinungsformen. Es hat also wenig Sinn, sie in einen Käfig

aus Worten zu sperren, schon eher kann es gelingen, sich ihrem Wesen Schritt für Schritt zu nähern.
Für das Studium jener Künstler, die in der Vergangenheit von Aussee eingefangen wurden und die damit vielleicht auch Schlüssel zum Verständnis ihrer heutigen Schicksalsgenossen sind, gibt es in Bad Aussee, Altaussee und Grundlsee sorgsam beschilderte Fußstapfen, zur Via Artis zusammengefaßt. Es handelt sich um keine Kultur-Trimmpfade, sondern um freundliche Wege mit vielen Anfängen und Zielen. Nichts wird zur Pflicht, alles ist persönliche Erfahrung. Der Weg erzählt Geschichten, öffnet Türen zu Gedanken und Empfindungen und zeigt Bilder her.
So ist die Via Artis nicht nur der Länge nach zu messen; sie führt auch nach innen und in die Tiefe. Irgendwann, zwischen zwei Schritten, tut sich vielleicht auch eines Rätsels Lösung auf. Doch auch die gilt nur für den, der sie gefunden hat und von da an zu jenen gehört, die nach Aussee gehören.
Diesen Wanderweg auf den Spuren des Geistes gibt es dreimal im Ausseerland. In Bad Aussee nimmt er am Mittelpunktstein im Kurpark seinen Ausgang und läßt die Wahl der Ziele frei. Wer mag, kann vorher noch im „Künstlerwinkel" des neuen Kurzentrums in berühmten Gesichtern lesen: hier gibt es eine Fülle von Porträtaufnahmen. Dann aber ist es höchste Zeit, der Landschaft mit genießerischer Neugier näherzutreten. Vielleicht führt der Weg nach Lerchenreith, zum Gasthaus Teichwirt: Der Komponist Wilhelm Kienzl läßt wohltönend grüßen und der Burgschauspieler Richard Eybner, der sich auch gleich als kundiger Landschaftsbeschreiber erweist: „Meinen Urlaub verbringe ich beim Teichwirt am Plateau oben in Lerchenreith. Für meine Begriffe einer

der schönsten Punkte in der Gegend, weil es im Zentrum dieses herrlichen Trauneinzugsgebietes liegt, mit den fünf Tälern. Man sieht alles, vom Dachstein bis ins Tote Gebirge, da ist der Grundlseer See, dort der Altausseer See, dort der Sommersberger See, dort der Ödensee. Also bin ich hier zu Hause, wissen Sie. Und wenn es regnet oder schneit, es ist mir ganz wurst." Ein wenig weiter nach Ischl zu gilt es vom Lenauhügel weit über das Ausseerland zu schauen, und auf der gegenüberliegenden Hochfläche, in Obertressen, fällt der Blick auf jenes einfache Bauernhaus, in dem Hugo von Hofmannsthal viele Sommer verbrachte.

Der Grundlseer Künstlerweg beginnt vor dem Haus „Rebenburg", unter dem „Seeblick". Man neige das Haupt vor Eugenie Schwarzwalds reformatorischem Eifer, widme Sigmund Freud einen psychoanalytisch relevanten Gedanken, entsinne sich des fast vergessenen Dichters Felix Braun und seiner Schwester Käthe Braun-Prager, Lyrikerin und kühne Gestalterin der Radiosendung „Literarische Frauenstunde" in einer Zeit, in der noch das Heimchen am Herd gefragt war. In Bräuhof angelangt, darf mit leisem Schaudern der übermächtige Intellekt des unbeugsamen Asketen Dr. Dr. Dr. Dr. Johannes Ude studiert werden, bevor man sich in die versöhnliche Farbenwelt des Malers Hanns Kobinger flüchtet und in die seines holländischen Kollegen Dietrich Heinrich Volz, den die Grundlseer liebgewannen, weil er nicht nur eindrucksvolle Gebirgslandschaften und edle Porträts malte, sondern auch prächtige Schützenscheiben. Nicht zuletzt gilt ein ehrendes Gedenken dem heute weithin unbekannten Mann des Wortes Rudolf Jeremias Kreutz, einem Offizier, den der Erste Weltkrieg zum Pazifisten werden ließ und der im nächsten Krieg dafür mit dem Gefängnis bestraft wurde. Weiter nach Gößl zu, „Im Kreuz“, gilt der Applaus erst einmal dem nach Ansicht seiner Zeitgenossen größten Schauspieler Josef Kainz, und natürlich auch Ludwig Gabillon, auch nicht eben Kleinformat. Familie Dahlke hat hier ihr Haus, und mit einigem Glück ist sogar ein lebender Burgschauspieler auf freier Wildbahn zu beobachten: Romuald Pekny. In Gößl angelangt, führt kein Weg an Erzherzog Johann vorbei, und der Name Konrad Mautner erinnert an die seligen Zeiten, in denen das Interesse noch heimischen Bräuchen galt und nicht dem Kriegsgerümpel. Bleibt die Ranftlmühle am rauschenden Bach und jener überaus romantische Maler Matthias J. Ranftl, geschmückt mit dem etwas zwielichtigen Ehrentitel „Hunde-Raffael“. Aber er malte auch in Rußland Porträts und Historienbilder, bevor ihn Grundlsee gefangen nahm und ihn nur noch an Liebliches denken ließ.

Die Altausseer Via Artis geht vom Literaturmuseum des trefflichen Gendarmen Alois Mayrhuber aus, der, so lange man ihn leben ließ, unermüdlich eine wahre Schatztruhe mit den erlesenen Druckwerken füllte: selbst schuld, wer da nicht stöbert. Es folgt die Begegnung mit Friedrich Torberg und seinem Gedicht „Sehnsucht nach Alt-Aussee“, mit dem elegischen Anfang: „Wieder ist es Sommer worden,/dritter, vierter Sommer schon./ist es Süden, ist es Norden,/wo ich von der Heimat wohn? Komm ich auf der wirren Reise/nicht dem Ursprung wieder nah?/Dreht die Welt sich noch im Kreise?/Ist der Sommer dort wie da?“ Erinnerungen an Carl von Binzer liegen am Wege, dessen patriotische Dichtung nicht ganz so erwähnenswert ist wie seine wichtige Rolle für den Altausseer Fremdenverkehr. Dann steht die Seevilla am Ufer: prächtig herausgeputzt und fast ein wenig zu neu für das Geden-

Burgschauspieler Romuald Pekny wohnt Sommer für Sommer im revitalisierten Gabillon-Haus, dicht am Grundlsee.

ken an den guten alten Johannes Brahms. Angesichts der Andrian-Villa tritt ihr Namensgeber, der wortgewaltige Anthropologe und Autor des Werkes „Die Altausseer", ins Bild, gefolgt von seinem dichtenden Sohn Leopold von Andrian und dem unermüdlichen Romancier Jakob Wassermann. Bleibt ein hochgelegenes Haus in Fischerndorf, von dem aus Christl Kerry geübten Auges ins Land schaute, jene Künstlerin, deren Bienenfleiß die Landschaft ihrer Wahlheimat so gut wie lückenlos dokumentierte. Ein Ausseer Haus ohne Kerry-Bild ist eigentlich nicht vollständig.

So führen drei Wege leichthin an geschaute, gedachte, geträumte Ziele. Wer sie findet, hat kein Anrecht auf eine Wandernadel, aber ein paar liebe Bekannte mehr.

DIE HELLEN UND DIE DUNKLEN GEISTER

Hat sich der Winter im Ausseerland erst einmal so richtig eingenistet, nach voreiligem Schneegestöber irgendwann im Dezember und einer schelmischen Vermengung von Tauwetter und Frost zur Weihnachtszeit, liegt er behäbig, dick und weiß auf dem Land und auf den Dächern, ganz so, als wolle er nie wieder gehen. Die Ausseer lassen ihn ruhig gewähren, auch wenn er übertreibt und die Häuser hinter den Schneemauern am Straßenrand verschwinden läßt. Doch exakt zur Faschingszeit wird sogar den frostständigsten Einwohnern das Weiß zu bunt, und alle gemeinsam schreiten zur Tat. Die Vertreibung dunkler Dämonen und die Beschwörung freundlicher Lichtgestalten ist aber ein ebenso ernsthaftes wie kurioses Unterfangen, eine handfeste Angelegenheit und der Versuch, leichthin ein paar unheilige Wunder geschehen zu lassen. Will man einer solchen Aufgabe gerecht werden, bedarf es schon eines mehr als doppelbödigen Volksstückes, in dem sich die Zuschauer die Mühe machen, mitzuspielen. Anderswo mag der Fasching zur Maskerade verkommen sein, oder es werden gar aus deutschen Landen Karnevalssitten importiert, um auch rheinischen Frohsinn in die Dienste des älplerischen Fremdenverkehrs zu stellen. In Aussee hingegen ist zur Faschingszeit so ziemlich alles beim alten geblieben. Wer allerdings glaubt, hier auf ein besonders eindrucksvolles Exempel liebevoller Brauch-

Wenn es einen zutiefst ausseerischen Beweis für wahre Männlichkeit gibt, dann ist es die hohe Ehre, Trommelweib zu sein.

tumspflege gestoßen zu sein, irrt erst recht: Der Ausseer Fasching pflegt Brauchtum nicht, sondern lebt es um seiner selbst willen. Gäste, die mittun wollen, werden geduldet und haben sich die Folgen selbst zuzuschreiben. In ihrem Wesen bleiben die Faschingstage aber eine sehr interne Angelegenheit, die nur Einheimische wirklich betrifft. Doch auch unter den Ausseern gibt es Gruppen von unterschiedlicher Bedeutung. Über jene bedauernswerten Sonderlinge, die mit dem Fasching nichts anzufangen wissen, sei hier ein gnädiger Mantel des

Schweigens gebreitet: sie sind mit ihrer zwanghaften Normalität und peinlichen Alltäglichkeit genug bestraft. Weitaus wichtiger ist die große Schar jener, die sich einfach dem Geist dieser Tage hingeben, einem Geist, der mit Vernunft ebenso wenig zu tun hat wie mit Intellekt, der die rigiden Regeln der Logik verlacht und Gesetze aller Art mit beleidigender Zielstrebigkeit mißachtet. So läßt man sich denn am Samstag genußvoll und ein wenig taumelig aus dem Rahmen fallen und fängt ziellos, aber eifrig damit an, nicht mehr aufzuhören: Sonstige Notwendigkeiten, wie etwa der Schlaf vor und nach Mitternacht, haben nur noch den Rang verzichtbarer Episoden, und die bürgerliche Existenz, das Jahr über wenigstens von vordergründiger Bedeutung, kommt als leere Hülle, nie wirklich geliebt, jetzt aber verachtet, in die Abstellkammer. Denen, die also sehenden Auges und frohlockenden Herzens einer kollektiven Narretei verfallen, Rollen spielen und Rollen tauschen, steht die kleinere Gruppe jener gegenüber, die inmitten des amorphen Getümmels mit dem feierlichen Vollzug der erstaunlichsten Rituale Strukturen schaffen. Schon am Samstag werden die ersten Faschingsbriefe vorgelesen und vorgesungen; nach Art der Bänkelsänger anmutig illustriert. In diesen Darbietungen von ungenierter Bosheit und Schadenfreude werden gnadenlos alle Peinlichkeiten aufgelistet, die den lieben Mitbürgern das Jahr über widerfuhren. Es mangelt nie an derartigen Ereignissen, aber an manche Vorfälle denken auch informationsverwöhnte Verfasser von Faschingsbriefen mit Wehmut zurück. Einmal, zum Beispiel, beging der Bürgermeister (rot) den Fehler, sich den allgemein als furchterregend bekannten Fahrkünsten eines Gemeinderates (schwarz) auszuliefern. Diese interparteiliche Dienstfahrt auf dem Motorroller verlief, wie so vieles in der Politik, im Sande: das Gefährt kam ins Rutschen, dem schwarzen Gemeinderat gelang es als höflichem Menschen, noch rasch unter seinen roten Bürgermeister zu liegen zu kommen, doch daß sich letzterer auf dem Rücken seines glücklosen Lenkers die Nase lädierte, war nicht mehr zu verhindern. So lagen die beiden denn friedlich vereint darnieder, die bürgermeisterliche Nase tränkte die Opposition mit ihrem Blute, und ein Polizist, der endlich alles wieder ins Lot brachte, gönnte sich ein unparteiisches Lächeln. Ebenso von einigem Unterhaltungswert war die Anschaffung eines billigen, aber kleinformatigen Gemeindestieres, dem bei aller Entschlußkraft die meisten Kühe schlichtweg zu hoch waren. Also folgte der geniale Beschluß, für die Kühe eine Art Hochzeitsgrube anzulegen, in der sie freudig erregt des Stieres harrten, der nunmehr auf höherer Ebene erfolgreicher heranschritt. Anlaß zu tiefschürfender Betrachtung gab auch die seltsame Vorgangsweise eines technokratisch verblendeten Hobbykochs, der meinte, die Fleischstücke eines Hirtenspießes mit Hilfe der elektrischen Bohrmaschine vorbereiten zu müssen. Die Liste blamabler Höhepunkte öffentlicher und sehr privater Natur ist Jahr für Jahr ziemlich vollständig und kommt ohne jede Bespitzelung zustande. Im Grunde genommen ist es eine rare Ehre und zeugt von allgemeiner Zuwendung, in einem Faschingsbrief dem Gespött ausgeliefert zu werden. Demnach wird wohl in den meisten Fällen Selbstdenunziation vorliegen, oder zumindest machen es die willigen Opfer ihren Häschern durch gezielte Hinweise leicht, Geheimnisse zu erfahren, die keine Geheimnisse sein sollen. Nach diesem erfrischenden Scherbengericht reiben sich die Ausseer am Sonntag tatendurstig die ohnedies negierte Nacht aus den Augen, und nicht wenige erklären die Maske zum wahren Gesicht. Auf den großen Umzug der Narren wartet allerdings keiner, weil er nicht stattfindet. Nichts ist organisiert, alles ergibt sich irgendwie; jeder schaut zu, macht mit, und alle stellen beruhigt fest, daß die Sache mit dem Chaos auch in diesem Jahr wieder in Ordnung geht. Zuweilen kann es sich auch ergeben, daß die höhere Unvernunft erstaunlich exakt und zielstrebig agiert: Da gibt es zum Beispiel das würdige, doch desolate Gebäude des ehemaligen Bezirksgerichtes, seit vielen Jahren allen aufrechten Bürgern ein Greuel. Also schritten während der Faschingstage einige beherzte Männer zur Tat: Den Gendarmen wurde nahegelegt, die nächsten paar Stunden das Auge des Gesetzes anderswo schweifen zu lassen, möglicherweise hinderliche Beamte wurden ins Wirtshaus verlagert und waren somit unauffindbar, und flugs wurde exakt die Hälfte des alten Bezirksgerichtes frisch gefärbelt und schelmisch mit winterfesten Plastikblumen geschmückt: ein mehr als deutlicher Hinweis auf die Notwendigkeit, endlich etwas zu unternehmen. Als dann wieder der Ernst des Lebens eintrat, befand eine obrigkeitliche Kommission, es habe zwar eine mutwillige Veränderung stattgefunden, andererseits aber auch eine wenigstens partielle Verschönerung. Das Schelmenstück und die gute Tat wogen einander also auf, und es konnte geschehen, was alle im Lande für weise und vernünftig hielten, nämlich nichts. Sogar die Österreichische Richterzeitung nahm Notiz von diesem salomonischen Urteil, und die Zeitung des deutschen Malerhandwerks konnte nicht umhin, die handwerkliche Seite der Angelegenheit rühmend zu erwähnen.

Am Montag gehen dann die Bürgertrommelweiber ihrem hehren Amte nach, und Dienstag werden die Arbeitertrommelweiber folgen. Daß es diese deutliche Unterscheidung geben muß, auch wenn die Unterschiede längst nicht mehr so deutlich sind, ist jedem klar, der weiß, wie sehr ein ordentliches Nebeneinander über Jahrhunderte hinweg einem friedlichen Miteinander nützlich war. Für Trommelweiber jeder Art gilt, daß unter gewaltigen weißen Frauengewändern und Spitzenhäubchen ausnehmend männliche Männer stecken, die sich dieser Ehre auf vielfache Art würdig erweisen mußten. Es ist nicht allzu schwer, in den Ausseer Gemeinderat zu kommen, und wer unbedingt Bürgermeister werden will, hat gute Chancen, sein Ziel zu erreichen; in die elitäre Schar der Trommelweiber aufgenommen zu werden, ist allerdings ein Kunststück, das nur jene zuwege bringen, die es erst gar nicht versuchen. Mit anderen Worten: Trommelweib zu sein ist kein Karriereziel, sondern eine Berufung, und jene geheimen Begabungen, die ihr innewohnen, können nicht erlernt werden. Ist man erst einmal auserwählt – nach Kriterien, die jeder Beschreibung spotten –, gilt es immer noch eine Aufnahmeprüfung abzulegen, über deren furchterregende Dimensionen Außenstehende bestenfalls munkeln können. Jedenfalls zählen die Trommelweiber auch das restliche Jahr über zu den wichtigsten Männern im Ort, und so mancher wäre bereit, den Doktorhut, den Direktionssessel und notfalls auch noch Weib und Kind zu opfern, gelänge es ihm nur, dabei zu sein. Die Trommelweiber sind vermutlich auch deshalb so wichtig, weil sie sich nicht wichtig machen. Sie ziehen durch den Ort, sie trommeln, wie man sich denken kann, machen Musik und trinken zwischendurch nicht wenig. Ihr Repertoire beschränkt sich auf den Faschingsmarsch, ein Musikstück von entschlossenem Leichtsinn, die Lehre von der reinen Unvernunft intonierend. Auch nach vielen Stunden und noch mehr Gläsern ist die vielstimmige Harmonie der Trommelweiber ungetrübt; allenfalls gerät sie mehr und mehr ins Unirdische, wird aus trotziger Lustigkeit elegischer Frohsinn. Am Dienstag geht es dann weniger grobschlächtig zu, eher bunt und poetisch. Die „Flinserln“ sind prächtige, freundliche Lichtgestalten. Ihre Kostüme sind aus Leinen gefertigt, darauf sind ausgeschnittene Stoffiguren genäht, von Tausenden und Abertausenden glitzernden Silberplättchen geschmückt. Der heitere Zug der „Flinserln“ wird von einer kleinen Musikantengruppe angeführt; es flötet, es geigt gar zierlich, und viele der tänzerisch bewegten Gestalten tragen Säcke, die mit Süßigkeiten gefüllt sind. Wenn die Kinder einen der uralten, überlieferten Faschingsverse richtig aufsagen, regnet es Gaben. Möglich, daß sich am Rande des Geschehens auch noch andere Masken herumtreiben, häßlich, dunkel und aggressiv, die „Bless“. Aber sie sind nur der traurige Rest jener Winterdämonen, die ohnedies keine Macht mehr haben. „Flinserln“ gibt es schon seit Hunderten von Jahren. 1768, so wird erzählt, seien sie erstmals aufgetreten. Die Entstehung dieses phantastischen Maskengewandes gibt Anlaß für mancherlei romantische Vermutung. Jedenfalls dürften die Salzfuhrleute dabei eine wesentliche Rolle gespielt haben, denn ihre Handelsverbindungen reichten bis tief in den Süden, und es ist nicht gänzlich undenkbar, daß venezianische Stilelemente auf diesem Wege ins Ausseerland gelangt sein könnten. Also wären die Flinserln ein kostbarer, unverfälschter Schatten jenes Karnevals in Venedig, der in seiner Heimat längst zur Fremdenverkehrsorgie verkommen ist. Von derlei Überlegungen unberührt, folgt der Fasching weiter den Regeln einer überzeugend schlichten Dramaturgie:

dem archaischen Trommelschlag folgen Geigen und Flöten, der plumpen Ungestalt folgt kostbare Schönheit, dem Spott folgt die Poesie. All das mündet in glückselige Verwirrung, leichthin verloren und einer neuen, zauberischen Wirklichkeit verpflichtet.

Dem macht der Aschermittwoch ein Ende, und der Fasching wird mit düsterem Pomp und schwerem Schädel zu Grabe getragen. Wenig später sind die Ausseer fast schon wieder so wie andere Österreicher. Sichtlich entspannt, doch auch im Rückblick überzeugt von der essentiellen Notwendigkeit einer Institution, deren Unvernunft ein vernünftiger Mensch einfach braucht und erst recht brauchen wird, wenn eine kalt und viereckig gewordene Welt dereinst an der Weisheit der Narren genesen soll.

Der Frühling, dermaßen feierlich und nachdrücklich ins Land gebeten, läßt sich gar nicht lange bitten und tut gleich einmal ein Wunder. Kaum sind die letzten Schneereste geschmolzen, bedecken unzählige Narzissen die Wiesenhänge mit ihren weißen Blütensternen. In seinem jugendlichen Ungestüm stattet sie der Frühling allerdings mit einem Duft aus, dessen Intensität nur unter freiem Himmel zu ertragen ist. Es war also von besonderem Reiz, einer Blume, die zu nichts nütze war, als Wiesen zu schmücken und ein wenig stark zu riechen, doch noch eine höhere Bestimmung zu geben. Also erfanden die Ausseer das Narzissenfest. Blütenskulpturen von erstaunlicher Kreativität und oft von gewaltigen Ausmaßen schwanken auf Autodächern durch die Straßen, um später, auf Booten befestigt, über den See zu schaukeln. Das Narzissenfest ist eines jener raren Ereignisse, die wirklich dazu geschaffen wurden, Gäste in hellen Scharen anzulocken. Ein kluger Gedanke: Kurze Zeit läßt sich der

Ansturm leicht ertragen; die Regentschaft der holdseligen Narzissenköniginnen erregt freundliches Aufsehen in Österreich und in der Welt, und wenig später läuft alles wieder so ruhig, wie man es gerne mag. Trotz aller vordergründigen Motive hat das Narzissenfest seine Wurzeln inzwischen aber doch recht tief in den Ausseer Boden gesenkt. Es könnte schon sein, daß man eines Tages die vielen Zuschauer nicht mehr wirklich braucht, weil es schon wieder ein Fest gibt, das nur um seiner selbst gefeiert werden will.
Und der Fremdenverkehrsobmann wäre kein Ausseer, würde ihn ein solcher Gedanke beunruhigen.

DER LEWANDOFSKY

Natürlich gibt es auf die Frage, was zuerst da war, Aussee oder die Kurhauskonditorei Lewandofsky, eine historisch korrekte Antwort, aber eigentlich ist ein Leben vor dem „Lewan" schwer vorstellbar. Schon eher ist man bereit, die Metamorphose der früher benachbarten Konkurrenz, des „Café Vesko", in einen Supermarkt hinzunehmen. Seit anno 1912 ausgerechnet ein Dombaumeister dieses Café neu gestaltet hatte, war ohnedies keine rechte Behaglichkeit mehr aufgekommen. Aber Aussee ohne Lewandofsky? Alles, nur das nicht. Wer solche Ängste für übertrieben hält, führe sich nur einmal die schrecklichen Folgen vor Augen: Das öffentliche Leben käme zum Erliegen, weil im Gemeinderat nur diskutiert und beschlossen wird, was beim Lewandofsky abgesprochen wurde, und weil Beschlüsse nur eine Chance auf Verwirklichung haben, wenn ihre anschließende Kommentierung – wir wissen, wo – zur Zufriedenheit ausfällt. Ohne Lewandofsky kämen keine Verträge zustande, weil es ja die viel wichtigeren Vorverträge, über den kleinen Braunen hinweg, nicht gäbe. Es bestünde keine Möglichkeit, fruchtbare Intrigen in die Welt zu setzen, weil einem ja nur beim Lewandofsky richtig zugehört wird, und man wäre auch jeder Möglichkeit entblößt, einer solchen Intrige entgegenzutreten, weil man ohne Lewandofsky nicht wüßte, wo sie gewachsen ist. Hier darf man getrost auf seinen Erbfeind treffen, weil man einander nichts tut, zwischen

Kurpark, Kurhaus und Konditorei Lewandofsky an der Stelle einer dampfenden, rauchenden Arbeitswelt: Aussee hat als Bad Aussee zu einer neuen Identität gefunden.

Faschingskrapfen und Topfenkolatschen, und nur hier ist es gestattet, ihm jegliche Bosheit zu sagen, weil er annehmen muß, daß sie nicht so gemeint ist, wenn man ihn gleichzeitig zu einem Achtel Wein einlädt. Jegliche Kommunikation käme zum Erliegen, weil ein Ausseer zwar manchmal seine Zweifel an der Existenz einer himmlischen Allmacht haben mag, aber nie im Leben daran zweifeln würde, daß jeder, den man zu treffen wünscht, in absehbarer Zeit beim Lewandofsky zu treffen ist.
Mit einem so trefflichen Treffpunkt ausgestattet, wird ein kluger Ausseer die Termine in seinem Terminkalender nur wahrnehmen, weil man das eben so tut, doch sich so bald wie möglich in die Kurhauskonditorei begeben, wo dann, gemächlich und würdevoll vom Strom der Zeit getragen, der gewünschte Bürgermeister, Bankdirektor,

Musikant, Geschäftsfreund oder Saufkumpan anlandet. Anderswo kommt man ja nicht dazu, die Welt, die Mitmenschen und in ihrem Spiegel sich selbst zu betrachten. Nirgendwo sonst bringt man das Kunststück so leicht zuwege, aufmerksam in die Zeitung und gleichzeitig jedem ins Gesicht zu schauen. Natürlich gibt es in der Ischler Straße auch noch das süße Institut des wackeren Zuckerbäckers Strenberger, doch den mag man zwar, ist ihm aber nicht hörig.

Dabei war die Kurhauskonditorei in ihren Anfängen alles andere als eine typisch ausseerische Einrichtung. Das alte Aussee mit seinen Sudhäusern war mit stabilen Wirtshäusern zufrieden; erst der junge Kurort brauchte etwas Feineres für seine noblen Gäste. So gehörte die neue Konditorei zunächst einmal den Fremden, und die Ausseer hatten weder Lust noch Geld, sich zu ihnen zu gesellen. Allenfalls traten die Honoratioren des Ortes respektvoll hüstelnd näher, wenn wieder einmal ein besonders prominenter Gast anzutreffen war. Nach dem Ersten Weltkrieg verschob sich das Bild allmählich. Die Gäste waren nicht mehr ganz so vornehm, aber es gab eine Menge Künstler und anderes bunte Volk unter ihnen, und da waren die Ausseer schon eher bereit, mitzuspielen. Nach und nach mischten sie sich unter die Kurgäste, was nicht unbedingt auffallen mußte, weil sich diese ihrerseits gerne als Ausseer verkleideten. Und irgendwann kam der Augenblick, in dem der weise Konditormeister Gustav Lewandofsky freundlich duldete, daß sein Lokal nicht mehr ätherisch-elegant über dem Ausseer Boden schwebte, sondern kräftig Wurzeln darin schlug.

Seitdem sind viele berühmte Leute hier Stammgast gewesen oder sind es noch, aber sie versuchen erst gar nicht Hof zu halten, sie fügen sich – wie ihre Ausseer Freunde –

einfach in die sanften Gesetze dieses Hauses. Eines davon besteht im scheinbaren Widerspruch, daß jeder, der öfter kommt, seinen Stammplatz hat und gleichzeitig nicht. Ein rascher, unauffälliger Blick muß genügen, um festzustellen, ob er besetzt ist. Schon der leiseste Seufzer könnte den ahnungslosen Besetzer (oder die Besetzerin) in Verlegenheit bringen, und so etwas gehört sich nicht. Natürlich ist es gestattet, von Zeit zu Zeit, wenn wirklich niemand herschaut, haßerfüllte Blicke über den Zeitungsrand zu schleudern. Ein anderes Gesetz betrifft den Stil der Kommunikation. Natürlich geht man zum Lewandofsky, um Leute zu treffen, doch nicht so peinlich direkt. Erblickt man die gewünschte Person, ist erst einmal diskretes Desinteresse angesagt, dem könnte geraume Zeit später ein freundliches Signal des Erkennens folgen, und erst im Aufstehen, nein, besser, im Weggehen, wird, sozusagen aus dem Handgelenk, das Treffen vollzogen. Natürlich kehren dann jene, die einander so glücklich gefunden haben, gemeinsam ins Lokal zurück und bleiben sehr lange zusammen. Drittes und wichtigstes Gebot: Wer die Serviererin ärgert, wird seines Lebens nimmer froh werden. Nicht daß sich eines jener über zahllose Eigentümlichkeiten seiner Gäste erhabenen Wesen je dazu hergeben würde, unfreundlich zu sein, doch jedes von ihnen versteht sich auf die gefährliche Kunst, die wärmste Zuvorkommenheit in einen böse glitzernden Eismantel zu packen, und wer ihn je verspürt hat, fürchtet die anderen Schrecken dieser Welt nicht mehr.

Es mag schon irgendwelche Gäste geben, die den Lewandofsky einfach für eine nette, gut geführte Kaffeehauskonditorei halten, in der man häufig interessante Leute sitzen sieht. Aber so ist das eben: Wer den Genius loci leugnet, dem erscheint er auch nicht.

LEUTE

Maria Schell liest Stefan Zweig. Susi Nicoletti liest, was ihr Spaß macht. Elisabeth Orth liest Johann Wolfgang von Goethe. Barbara Frischmuth liest Barbara Frischmuth. Und Felix Mitterer hat „Das Spiel im Berg" geschrieben; Klaus Maria Brandauer ist auch dabei, irgendwie. Schauplatz dieser künstlerischen Zusammenballung: ein spätsommerliches Ausseerland. Es ist offensichtlich eine der leichteren Aufgaben, Leute nach Aussee zu locken, die sich sonst eher rar machen und diese edlen Mimen und prächtigen Poeten auch noch zu bewegen, gegen geringes Salär, oder gar ohne, ihre Kunst zu üben. Natürlich, könnte man sagen: die hochkarätigen Akteure finden hier ja auch ein entsprechendes Publikum. Hannes Androsch, in aller Welt liquid, steht hierzulande seit vielen Sommern hoch im Kurs, Leo Wallner, stets auf der Gewinnerseite, weiß nur zu gut, warum er beharrlich auf Aussee setzt, Professor Herbert Krejci, scharfzüngiger Industriellengeneral im dynamischen Ruhestand, übt sich hierzulande in eloquentem Sanftmut, Thomas Fuhrmann, guter Geist im Unterrichtsministerium, findet auch unter Ausseern pädagogisch Wertvolles, Ernst Wolfram Marboe hat immer öfter nichts dagegen, den Bildschirm mit dem Regenschirm zu vertauschen, Simon Wiesenthal weiß im Ausseerland nicht nur der Vergangenheit etwas abzugewinnen, Romuald Pekny, Michael Heltau, Elisabeth Orth und Adelheid Picha ver-

Barbara Frischmuth ist eine Dichterin, die vom Ausseerland erst gar nicht eingefangen werden mußte: Sie stammt aus einer alten Altausseer Familie.

missen auf dieser Bühne keinen Applaus, Herr Dr. Peter Stern plädiert, wenn immer Zeit bleibt, für das Ausseerland, und Joachim Fuchsberger verzichtet nur allzu gern auf jede Show. Regisseur Hans Neuenfels zieht einen Frühschoppen in der Altausseer „Schießstätte" jeder anderen Inszenierung vor, dieweil Elisabeth Trissenaar ihre Rolle hinter den Kulissen spielt, Gernot Friedel fügt sich vernügt in die Regie der Altausseer, Marianne Kopatz tritt ohne jedes Publikum in ihrer Bad Ausseer Wohnung vor den Vorhang, Dr. Erich Bielka-Karltreu betreibt Außenpolitik nur noch sehr intern, Horst Friedrich Mayer befragt die „Alpenpost" nach seinem neuesten Buch, Kinderbuch-Zauberin Edith Schreiber-Wicke überprüft von ihrer hölzernen Burg am steilen Wiesenhang jeden Morgen, ob nachts nicht irgendwer den Altausseer See gestohlen hat, und Familie Harnoncourt hält es mit ihrem großen Urahn, dem Erzherzog Johann: nobel und bescheiden.

Wer das notwendigerweise zum Scheitern verurteilte Unterfangen wagt, jene Leute aufzuzählen, die sich in Aussee keinen Namen zu machen brauchen, weil sie in aller Welt einen haben, muß sich natürlich fragen, ob es nicht auch eine Bedeutung jenseits der Bedeutsamkeit gibt.

Mit anderen Worten: Es muß in dieser seltsamen Gegend ja auch ein Maß der Dinge geben, das sich jeder anderswo gültigen Norm entzieht.

Auf der Suche nach Ausseern, die von unscheinbarer, aber unverzichtbarer Wichtigkeit sind, stößt man auf die wenigen Tage im Jahr, die für ein erfülltes Leben essentielle Bedeutung haben und an denen jene Akteure die Bühne betreten, auf die es wirklich ankommt: die Faschingszeit. Nun könnte man glauben, eine im Fasching erlangte Bedeutung habe in der übrigen Zeit nichts zu sagen. Aber König bleibt König, auch wenn er die Krone in der Garderobe abgegeben hat.

Ein anderer verläßlicher Hinweis auf das verborgene Gewicht eines Ausseers ist die Aufmerksamkeit, die ihm zuteil wird. Beschließt er einmal, schalkhaft gelaunt, eine Vorstellung zu geben, im Wirtshaus, im Bierzelt oder auf dem Kurhausplatz, wird man ihm entweder nahelegen, es doch bleiben zu lassen oder sich ihm zuwenden. Letzteres kommt sehr selten vor, darum ist es ja auch von Bedeutung.

Endlich läßt sich der wahre Rang eines Ausseers an den Privilegien ablesen, die er genießt, wobei aber nur wenige die Privilegien kennen, die es zu genießen gibt.

Soviel steht jedenfalls fest: Wer im Gasthof Veit in der Küche sitzen darf, ist nicht irgendwer.

DIE LECHPARTIE

Spät im Jahr, wenn der Grundlsee still und kalt unter dem tiefen Himmel liegt, wird es ein paar Auserwählten warm ums Herz: Sie sind einer Lechpartie würdig.
Die Quellen wahren Frohsinns sind dunkel. Der Grundlsee hat den Sommer über viel Spaß gemacht, hat blank und heiter den Herbst gespiegelt. Jetzt wischt der kommende Winter die Farben beiseite: Es ist eine scheue, sanfte Zeit, mit Tagen, die nicht recht wissen, ob sie aufwachen sollen, einer kleinen, flackernden Mittagsstunde, einer gläsernen Sonne, die in uferloser Dämmerung versickert. Jene, die es verstehen, mit dem See zu leben, spüren es von Tag zu Tag deutlicher: Eine Orgie muß her, eine von archaischer Würde und bedächtiger Zügellosigkeit. Aber dazu braucht man die Huld des Oberförsters, der über Wald und See herrscht, braucht man die Hilfe seiner Zeremonienmeister, der Fischer, und die winzige Fischerhütte, drüben, am steilen, einsamen Bergufer des Sees.
Im Spätherbst, zur Laichzeit der Saiblinge, findet das „Lechfischen" statt. Ein Großteil des Fanges ist für das Räuchern bestimmt, einige der schönsten Fische aber sind Hauptdarsteller einer „Lechpartie", einer Laichpartie eigentlich; die Bezeichnung bürgt für unverhüllte Sinnlichkeit. Etwa zehn Personen haben in der Fischerhütte Platz, kaum mehr als fünf Termine gibt es im Jahr. Also müssen auch jene, die gute Aussichten haben, ir-

gendwann teilzunehmen, mit ein paar Jahren Wartezeit rechnen. Ist es dann endlich so weit, gilt es erst recht, Triumph und Ungeduld vor einer neiderfüllten Umwelt zu verbergen und sich gleichzeitig betont gleichgültig über jene zu erheben, die den November nur in Verbindung mit Friedhof und Schnupfen sehen dürfen. – Eine gewisse Distanzierung, wenn auch brüderlicher Natur, wird die Anwärter auf Altausseer Lechpartien treffen: Alles schön und gut, aber die Fischerhütte in Altaussee ist größer, eine Forststraße führt hin, der Grad elitärer Verschrobenheit ist ganz einfach geringer. Etwas Besonderes sind Altausseer Lechpartien aber natürlich auch.

Solchermaßen Grundsätzliches bedenkend, trifft man die Vorbereitungen: Brot und Wein werden gekauft, Taschenlampe und Trinkglas bereitgelegt. An der Grundlseer Klause leuchtet es schon gelb aus den kleinen Fenstern des hölzernen Fischkalters. Im Juli 1816, wird erzählt, kam Erzherzog Johann vom Toten Gebirge herunter, mischte sich im Gasthaus Ladner unter das freudig erregte Volk und wurde wenig später noch leutseliger, als er im kleinen Raum über dem Fischkalter an einem „Wechseltanz" teilnahm. Damals, so wird allenthalben berichtet, sprang ihm behenden Fußes die vierzehnjährige Postmeisterstochter Anna Plochl über den Weg. Als er sie dann am Toplitzsee wiedersah, war sie immerhin fünfzehneinhalb, reif für eine zart begonnene und energisch zu Ende geführte Liebesgeschichte.

Die zwei Fischer, Hans, das Ledergesicht mit edlem Faltenwurf, die Stimme aus harzigem Holz, und Karl, ein Hecht in den besten Jahren, haben den alten Tanzboden über ihren Köpfen. Gemächlich holen sie die Fische aus dem Kalter, töten sie und nehmen sie aus. Dann wird der Segen im flachbödigen Holzboot, der Plätte, verstaut, mit

Zur Lechpartie, spät im Herbst, bedarf es der Huld des Oberförsters und der Gunst seiner Zeremonienmeister, der Fischer.

den anderen notwendigen Dingen für eine lange Nacht. Am Boot vertäut hängt ein „Schifferl", wohlgefüllt mit lebenden Saiblingen, sollte die Gefräßigkeit der Gäste das erwartete Maß überschreiten. Es ist schon dunkel, wenn sie losfahren, dem anderen, stilleren Ufer zu, wo es nur vereinzelt Lichter gibt und zwischen den Enden der Uferstraße nur rabenschwarze Nacht. Dicht am See, an den steilen Waldhang geklebt, wartet die kleine Fischerhütte. Tisch und Bank stehen darin, der Mittelpunkt des Raumes ist eine gemauerte Feuerstelle, lange, dünne

Holzscheite stapeln sich in einem Bretterverschlag unter der rußschwarzen Decke. Einen Rauchfang gibt es nicht. So gehen zwei Männer in Lederhosen und groben Joppen an Land, sperren auf, machen mit Petroleumlampen Licht, entladen das Boot und verschnaufen erst einmal. Eine Lampe kommt ans Ufer, eine an die Abzweigung des Steiges, der steil zur Hütte hinunterführt. Dann kümmern sich die Fischer um die Feuerstelle: Glut braucht Zeit. Während die beiden ruhig warten, nehmen am Ende der Forststraße die Gäste leichten Herzens Abschied von der Zivilisation. Der kleine Autobus, der sie gebracht hat und wieder holen wird, verschwindet in der Nacht. Jetzt hat der Wald das Sagen. Wälder an Berghängen haben eine andere Sprache als die im Tal. Ihr Schweigen hat weniger Stimmen, sagt aber mehr, und das Geräusch der Schritte auf dem laubbedeckten Weg verliert sich in Bedeutungslosigkeit. In den Geruch von Holz, Harz und Waldboden mischt sich die Ahnung von Wasser. Eine knappe halbe Stunde später ist die Fischerhütte erreicht, eine winzige, gelb leuchtende Enklave in der grenzenlosen Nacht. Die Lichter am anderen Ufer haben nichts mit dieser Welt zu tun. Irgendwelche Menschen wohnen vermutlich da drüben, mit ihren Kühlschränken, Heimcomputern und Stereoanlagen. Hier, in der Hütte, gibt es offenes Feuer, einen Platz zum Sitzen und einen Tisch zum Essen und Trinken: Das dürfte doch wohl genügen. Keiner denkt daran, maßzuhalten in dieser Nacht, aber Maßlosigkeit um jeden Preis ist erst recht nicht gefragt. Satt wird man sein, wenn alles zu Ende ist, sehr satt, und womöglich auch ziemlich betrunken. Aber darum geht es ja nicht: Es geht um diese feuerflackernde, seltsame Nacht mit dem Himmel aus Rauch dicht über den Köpfen und dem kühlen Luftzug aus der offenen Tür im Gesicht. Ist der erste

Durst einmal gelöscht, sind die ersten Sätze einmal geredet, darf sich der Mensch zurücklehnen und die Bühne des nächtlichen Schauspiels ins Auge fassen: vier Wände aus dicken Stämmen, die Ritzen mit Moos verstopft, ein Dach, jetzt noch zu sehen, später wird es im Rauch verschwinden. Als einziger Schmuck des Raumes schaut ein ausgestopfter Auerhahn hernieder, im Augenblick nicht mehr als ein solcher, aber man darf sicher sein, daß er später, durch dichtes Gewölk schwebend, vom Feuerschein belebt, eine gewisse Dämonie an sich haben wird. Es riecht nach Feuer, nach Wald und nach Fisch. Von schlanken Hölzern durchbohrt, stecken die Saiblinge an einem Eisengestell dicht an der Glut. Die beiden Fischer bewegen sich ohne Hast um die Feuerstelle, als folgten sie den Regeln eines urtümlichen Tanzes; sie schüren die Glut, drehen und wenden die Fische mit sicheren, ruhigen Gebärden und schenken zwischendurch die Gläser voll. Dann sind die ersten Saiblinge fertig, werden von den Holzspießen geschoben und kommen auf den Tisch. Eigentlich nicht sehr anständig, die Fische aus dem See zu holen, wo sie gerade dabei sind, sich zu vermehren, sinniert einer, aber es muß eben sein, weil Weihnachten kommt. Außerdem, knarrt Hans, der Fischer, wird der Laich ausgestreift, und nach dem Lechfischen darf die Natur wieder selbst weitermachen. Ein wenig genieren sich alle für menschliche Überheblichkeit, für den vergessenen Dialog mit den Stummen im See. Seit jeher sind Fische Symbole für Fruchtbarkeit und Tod, das weiß man schon, doch die kleine Spanne Leben zwischen Laich und Gräten wird in der Hütte zwischen Feuer und Rauch seltsam transparent. Ein paar Schritte hinaus, so zur Abwechslung: Die Luft ist kalt, hier draußen ist der Rauch nur noch feine Würze. Am Ufer liegt die Plätte im unbewegten Wasser, man möchte die Hand in den See tauchen, frische, klare Kälte spüren. Frieren Fische? Blöder Gedanke. In der Hütte hat sich die Atmosphäre verdichtet: mehr Rauch, mehr Fisch, mehr Wein. Wunschloses Behagen füllt breit und ungeniert den Raum. Vom Überangebot befreit, gewinnt das Übermaß an Tiefe. Hier bewältigt keiner seine Zeit, er läßt sich von ihr überwältigen. Unmerklich und überraschend leicht lösen sich Bindungen an die tüchtige Leistungsgesellschaft, irgendwo am anderen Ufer. Schon möglich, daß einer noch heute Mittag Lehrer war, Staatsanwalt, Mechaniker oder gar Photograph: Seiner Standeshüllen entledigt, seiner Termine entblößt, von Distanzen aller Art nicht länger behelligt, strebt er sitzend ohne jeden kleinlichen Aufenthalt seinem innersten Wesen zu. Diesem eindrucksvollen Aufbruch stehen die zwei Fischer mit souveräner Teilnahmslosigkeit gegenüber, unterbrechen den zusehends transzendentalen Disput nur manchmal zartfühlend und diskret mit der Frage, ob es denn wirklich an nichts fehle, ob es nicht eigentlich längst an der Zeit sei, von neuem aufzutischen. Die spürbare Nähe zum Prinzip des guten, satten, lustvollen Lebens, die Geborgenheit in der schlichten Fülle, in einer zunehmend konturlosen, sanft betäubenden Welt aus Geruch und Geschmack, rot leuchtenden Bildern vor schwarzem Hintergrund, verwandelt freundliche Geschwätzigkeit in fragendes Interesse. Beziehungen, vordem unverbindlich, geraten in eine Sphäre gutgelaunter Ernsthaftigkeit. Als hätte es nie das Problem gegeben, Zeit totzuschlagen, läßt man sich in der Zeit treiben, ohne ihre Ufer zu suchen. Aber es gibt diese Ufer. Na dann! sagt einer, trotzig und traurig, unser Auto wartet. Dann stehen sie auf, stellen den einen auf die Füße, der schon vor geraumer Zeit von der Bank gefallen

ist, und treten den Rückweg an. Die zwei Fischer beladen die Plätte und verschwinden höflich, aber unheimlich schnell in der Nacht. Ihre Gäste bringen den Waldweg hinter sich und sitzen dann ganz zufrieden im Bus. Früher fuhr man noch mit der Plätte heimzu: Aber es sind dann doch zu viele ins Wasser gefallen.
Am Ende der Rückkehr zu den Ursprüngen steht die Versöhnung mit den alltäglichen Versatzstücken. Gemessen am Saibling ist die Welt am anderen Ufer ziemlich unglaubwürdig. Aber der November ist nicht die Zeit der Konfrontation. Man darf das alles nicht zu scharf sehen.

RATLOSES RESÜMEE

Jeder weiß irgend etwas über das Ausseerland oder hat zumindest davon gehört, viele kennen sich dort recht gut aus, und gar nicht wenige sind in dieses seltsame Mikrouniversum ernsthaft verliebt. Das Ausseerland bleibt davon seltsam unberührt. Scharen von Dichtern und Literaten waren nicht dazu imstande, sein Wesen wirklich schlüssig zu beschreiben, oder gar neu zu interpretieren, Maler jeglicher Couleur unterwarfen sich willig dem Bild dieser Landschaft, ohne auch nur einen Pinselstrich hinzuzukünsteln, und Berühmtheiten aller Art kennen seit jeher das schreckliche Gefühl des unendlichen Falls in die Bedeutungslosigkeit, wenn das Nicken einer Serviererin in der Kurhauskonditorei Lewandofsky ein wenig beiläufiger ausfällt als sonst. Mediengewaltige Redakteure befällt würgende Enttäuschung, wenn jene Zeilen, die sie für die „Alpenpost" geschrieben haben, aus Platzmangel nicht erscheinen konnten, und manch ein Mächtiger nickte nur demütig, wenn er erfuhr, daß er zwar über Österreich verfügen könne, nicht aber über den Ausseer Tennisplatz.
Die Ausseer ihrerseits wissen erst recht nicht, wie sie zu der Ehre kommen, daß alle Welt mit ihnen gut Freund sein möchte. Ist man, auch angesichts eines unausweichlichen Debakels, demnach gewillt, dem wahren Wesen des Ausseerlandes nachzuspüren, kann die Suche nur eine ziellose Suche sein, eine zu allem entschlossene

Noch immer umschließen hölzerne Gartenzäune kleine, autarke Königreiche, und in den alten Häusern regiert leise, aber entschieden die Beständigkeit.

Verirrung. Irgendwo muß es ja eine Schlüsselstelle geben, eine Möglichkeit, hinter die Maske zu schauen oder die Maske als Gesicht zu entlarven. Einen echten Ausseer, so es ihn gibt, nach dieser Stelle zu fragen, ist müßig: Er würde nur bedächtig den Kopf samt Hut schütteln und sich im Stillen fragen, wie ein Mensch auf eine solche Frage kommen kann.

Nun haftet dem Land und seinen Bewohnern eine fast schon trotzige Beständigkeit an, und so ist es vielleicht eine gute Idee, Schauplätze der Veränderung aufzusuchen, jenen Bruchlinien zu folgen, die es auch hierzulande gibt. Da wäre zum Beispiel die Eisenbahn. Ihr geschäftiger Schienenstrang tut so, als sei das Ausseerland seit eh und je leichthin mit aller Welt verbunden und kein unzugänglicher Talkessel, dessen staubige Paßstraßen nur dem erfahrenen Salzfuhrmann, dem lustig-verwegenen Postillon und dem Reisenden gehörten, der das Attribut „kühn" wenigstens noch in Ansätzen verdiente. Die Eisenbahn brachte den ebenso leichtfertigen wie verschwenderischen Umgang mit Distanzen in ein Tal, in dem es bislang als edelste Form der Bewegung gegolten hatte, in sich zu ruhen. Mit der Eisenbahn kamen dann auch Leute, von denen man nichts Genaues wußte und eigentlich auch nicht wissen wollte: Fremde, jedenfalls. So steht auch der Bahnhof als trotziges Denkmal der k.k. Verkehrsplanung abseits vom Ort, in einem dunklen, kühlen Winkel am Eingang zum Koppental. Aber das Bahnhofshotel, dereinst stolzer Ausdruck der neuen Mobilität, ist seit Jahren vorübergehend geschlossen, und zwischen den Schwellen jenes Schienenstranges, der eilfertig der Saline zuläuft, wächst Gras, weil das durch Jahrhunderte prolongierte Spiel vom Werden und Verdampfen der Sole nicht mehr in Aussee über die Bühne geht, sondern dem Boulevardstück vom Kommen und Gehen der Fremden Platz gemacht hat. So gesehen ist der Bahnhof von Aussee längst seiner aufdringlichen Tüchtigkeit ledig, also gemütlich, verschroben und liebenswert. Heutzutage sind schon eher die neuen Paßstraßen unsympathisch, die breite, flache Asphaltbänder zwischen die Berge quetschen und alles ins Land lassen, was Räder hat und stinkt. Wenigstens das alte Wirtshaus auf der Pötschenhöhe hat der gewinnoptimierenden Versuchung widerstanden, seine hölzerne Existenz mit jener eines durchgestylten Rasthauses zu vertauschen. Dunkel und mit grimmigem Behagen hockt das Haus über dem Parkplatz, deutlich bemüht, auf Leute, die es eilig haben, so wenig einladend wie möglich zu wirken. – Zurück zur Eisenbahn, einem Indiz kränkender Ruhestörung, dem man inzwischen verzeihen mußte, weil Ärgeres nachkam. Und manche Heimsuchungen lassen sich schon deshalb nicht vermeiden, weil sie einfach notwendig sind, wie etwa das nahe Gipsplattenwerk, das wenigstens einen Teil jener Arbeitsplätze ersetzt, die mit dem Verlust der Saline verloren gingen.

Auch der nächste Schauplatz von Veränderungen, der Kurpark, mitten im Ort, schmeckt nach Salz. Hier standen die mächtigen Sudhäuser; der Funkenflug aus ihren Schornsteinen ließ von Zeit zu Zeit den Ort im Flammen aufgehen, und als die ersten Kurgäste eintrafen, waren die dampfenden Salzpfannen auch gleich Mittelpunkt eines therapeutisch wirksamen Abenteuerurlaubs. Wenig später schob man die ungeschlachten Findlinge aus einer uralten Arbeitswelt mit spitzen Fingern an den Ortsrand und ließ das Zentrum betulich ergrünen: ein Platz für die Ausseer Bürger und ihre Gäste; nicht für Salinenarbeiter, deren Frauen bescheiden im neuen Konsumverein einkauften und ihre Last dann eilig auf dem Kopf heimwärts trugen, vorbei am Kurcafé, das so fremd und unerreichbar war wie ein anderer Planet. Diese Entflechtung der Lebensbereiche im Sinne einer neuen, fremdenverkehrstauglichen Identität schuf eine durchaus brauchbare Ordnung, die inzwischen gut hundert Jahre alt ist; kein Alter für Ausseer Verhältnisse, aber doch ein gewisses Indiz für Verläßlichkeit. Im Ausseer Gemeinderat kann es schon einmal vorkommen, daß Gruppen durcheinandergeraten, doch während der einzigen wirklich ernst zu nehmenden Zeit des Jahres, im Fasching, ist ein Gremium von unverzichtbarer Bedeutung, der Zug der „Trommelweiber", natürlich zweigeteilt. Arbeitertrommelweiber und Bürgertrommelweiber treten an verschiedenen Tagen und auf verschiedenen Schauplätzen in Erscheinung. Das ist allen recht so, es ändert sich ohnehin zuviel: die Verteilung der Arbeit folgt nicht mehr den guten alten Regeln des Salzkammergutes, und das Leben im Kurort fällt auch aus der Rolle. Keiner weiß mit dem schönen alten Kurmittelhaus etwas anzufangen, aber hinter dem uralten Amtssitz der Salzverweser ist ein Ufo aus Glas und Beton gelandet und kann alles besser. Das Kurhaus harrt schaudernd seiner Modernisierung: erst wollte man es umlegen und an seine Stelle ein trommelförmiges Pendant zur schachtelförmigen Post stellen. Gerade noch rechtzeitig erhoben die Ausseer ein gewaltiges Gemurre, und jetzt plant man neu und um und so weiter. Immerhin hat es der Kurpark nach hundert Jahren geschafft, das andere Ufer der Grundlseer Traun zu erreichen. Zwischen Steilhang und Wasser wurde ein Stück nasser Wiesengrund gestutzt, gekämmt und zurechtgemacht: wirklich sehr nett, nur die Ausseer Buben vermissen einen herrlich verbotenen, wild wuchernden Umweg auf dem Schulweg. Wie auch immer: Der Kurpark ist und bleibt ein zeitgeistiges Provisorium, dazu verdammt, schon nach hundert Jahre sein Erscheinungsbild zu ändern. Das kommt davon, wenn man Trends nachläuft.

Veränderung also: Manchmal bleibt sie fast gänzlich unter der Oberfläche, und wer nicht Bescheid weiß, braucht alle Sinne, sie zu spüren. Unterwegs zum nächsten Schauplatz gönne sich der Betrachter erst einmal ein leises, genießerisches Frösteln: es ist nämlich früh am Morgen, und weicher Nebeldunst verwischt den dunklen Spiegel des Altausseer Sees. Hinter dem alten Hotel am See, schon todkrank gewesen, als Appartement-Haus wieder so halbwegs gesundet, führt ein Spazierweg das Ufer entlang: erst eine noble Promenade, dann ein walddunkler Pfad und endlich ein schmaler Steig im Felshang. Wenig später öffnet sich am Seende die Welt zu einer kleinen, von Bergen umringten Bühne. Die Seewiese ist ein seltsam verwunscher Ort: sumpfig, von kleinen Wasserflächen durchsetzt, ein paar mächtige Felsblöcke stehen wie schwebend in diesem konturlosen, weichen Zwischenland, irgendwo verlieren sich Wiese und Wasser mit träumerischer Begehrlichkeit an den See. Im Himmel darüber ist schon die Sonne zu ahnen. Bald wird sie den Nebel hochziehen, den Himmel blankwischen und die Wasserfläche tiefblau glänzen lassen. Dann hat, weit im Westen und greifbar nahe, der Dachstein, weiß, spitz und über die Maßen erhaben, seinen großen Auftritt. Der Mensch steht da, reibt sich die Augen und ruft sein Gemüt zur Ordnung, angesichts einer solchen Überfülle an klarer Schönheit und opulenter Kraft gefälligst beglückt zu sein und nicht mißtrauisch, weil es so etwas einfach nicht geben kann. Das Ausseerland ist geradezu unverschämt reich an solchen Bildern und beruhigend

Noch immer findet man an den Seen ein Stück Ufer, in dessen Stille die Träume Platz haben.

unbeholfen in ihrer Vermarktung. Die Seewiese, zum Beispiel, hat sich in all den Jahrzehnten nur ganz leise geöffnet. Eine hölzerne Jausenstation war entstanden, ein kleines Motorboot legte ein paarmal täglich an. Dann sperrte das kleine Wirtshaus zu, und das Motorboot blieb aus. In diesem Sommer wird wieder ein kleines Schiff am Landungssteg anlegen, ihn eher beiläufig berühren: Es ist ja nicht viel los in der Seewiese, gottlob. Natürlich hat es eine Zeit gegeben, da die Ausseer ihr Land mit nur ganz wenigen Gästen teilten, robusten, unerschrockenen Leuten, die eine beschwerliche Anreise ebensowenig fürchteten wie die Abgeschiedenheit des Tales, seine konsequente Düsternis an langen Regentagen. Diese Gäste wurden dann auch mit einer besonderen Nähe belohnt und schlugen tiefere Wurzeln als jene, die es später leichter hatten, zu kommen, doch viel schwerer, nicht fremd zu bleiben. Je mehr Gäste kamen, je schneller der Rhythmus der Veränderungen war, den sie diktierten, desto störrischer wurden die Ausseer, wenn es darum ging, etwas zu bewahren, das auch sie nur erahnten. Sie machten allerdings nicht den Fehler, Türen und Fenster zu verriegeln, im Gegenteil: Sie öffneten, was immer sich öffnen ließ, und ihre Gäste beeilten sich dermaßen, dieser Einladung zu folgen, daß kaum einer dazu kam, irgendwann innezuhalten und hinter die Dinge zu spähen. So blieben sich Aussee und die Ausseer einigermaßen treu, und alle, die in ihre Nähe drängen, wissen: Wirklich gelingt es nie. Das macht die Sache ja so spannend.

NACHTRAG

Es gibt eine Gegend im Ausseerland, die nicht in Grundlsee ist, nicht in Altaussee und in Bad Aussee schon gar nicht. Der „Sattel“ ist eine sachte, freundliche Mulde zwischen Tressenstein und Trisselwand, ein stiller Paßübergang von See zu See. In einer Zeit, als die Sommerfrische noch ein wenig mehr mit Idylle zu tun hatte, gab es hier einen kleinen Sessellift. So konnte man, das leise Surren der Seilrollen im Ohr, betulich bergan schweben. Erst streiften die Schuhe noch die Grasspitzen, dann ging's über ein paar nicht weiter beunruhigte Kühe hinweg, über Baumkronen und Schindeldächer. Die hölzerne Bergstation hatte auch eine Jause bereit: Milch, von den Bauernhöfen hier oben, und ein dickes Butterbrot. So gestärkt konnte es schon geschehen, daß der kühne Wanderer beherzt den Schuh schnürte und die gute Stunde Aufstieg zur Tressensteinwarte wagte, des furiosen Seiltänzers Strohschneider eingedenk, der hier seiner labilen Existenz ein aufmüpfiges Denkmal gesetzt hatte. Der Sessellift ist verschwunden, da und dort schauen noch die Fundamente seiner Masten aus der Wiese, und an der Stelle der Aussichtswarte steht ein Sender des ORF. Kein Mensch macht sich mehr die Mühe, hölzerne Stufen hinaufzuklettern, um über das Land zu schauen, wenn es doch genügt, den Fernseher einzuschalten. So ist die kleine Welt um den Sattel in ihre bäuerliche Stille zurückgesunken. Es gibt hier ja auch nichts, was irgend-

wie spektakulär wäre: kein Seeufer, keinen übermächtig dräuenden Felsabsturz, nicht einmal ein düsteres Kriegsgeheimnis. Kommen, selten genug, Wanderer des Weges, besinnt sich vielleicht eines der Bauernhäuser auf seine fast schon vergessene Existenz als Wirtshaus. Dann deckt sich der Tisch wie im Märchen, die Kronen der Obstbäume zeichnen verspielte Schatten, und in der Stille machen die Bienen und die Käfer Musik.
Hier oben ist es ruhig zugegangen, als in Aussee die Salzfuhrwerke durch die Gassen polterten und im Neuper-Prater die Büchsen knallten und das Bier schäumte. Es hat sich nichts getan, was sich nicht schon immer getan hätte, als in den Tälern die reichen Fremden ihre Villen bauten, auf dem Corso in Praunfalk die Radfahrer defilierten und in der Badeanstalt Vitzthum die Sole bleiche Kurgastleiber umspülte. Die Monarchie mußte nicht zerbrechen, weil es ohnedies nie sehr kaiserlich zugegangen war, und der nächste Krieg brauchte keine glänzenden Dichter und Denker zu vertreiben, weil sie hier allenfalls als stille Wanderer vorbeigeschaut hatten.
So ist auch das neuerdings so hektische Bemühen, Freizeit zu bewältigen, am „Sattel" vorbeigerannt: Schilifte gedeihen besser an Nordhängen, und auf die Idee, eine Sommerrodelbahn zu bauen, ist gottlob noch keiner gekommen. Wenn es zum inneren Wesen des Ausseerlandes gehört, Bestand zu haben, dann gehört diese leise Zwischenwelt unverzichtbar dazu: als Bühne, hinter den Kulissen.

DANKE!

Wieder einmal ist eine Aufzählung unvollständig, weil es anders nicht geht; und sie folgt vorsichtshalber der Willkür des Alphabets, weil jede andere Ordnung ungerecht wäre.

Grete Kalß, liebreizende Wirtin des Goldenen Hirschen im alten Neuper-Brauhaus, stöberte erfolgreich in der Familienchronik, Cornelia Köberl, hehre Hüterin des Heimatmuseums, öffnete freundlich ihr Archiv, Günter Köberl, vitaler Wegbereiter der Via Artis, gab die Früchte seiner Arbeit zur Verkostung frei, Gustav Lewandofsky, graue Eminenz der Kurhauskonditorei, verknüpfte wissend Vergangenes und Heutiges, Lutz Maurer, Herrscher im TV-Land der Berge, plünderte selbstlos seine Bibliothek, Dr. Horst Friedrich Mayer, versierter Wanderer zwischen Medien, zückte hilfreich die gestrenge Feder des Historikers, Peter Musek, Postillon der „Alpenpost", lüftete schamlos seine Redaktionsgeheimnisse, Michael Roithner, der meisterliche Bürgermeister, sperrte allerorten die Türen auf, Andrea Schupfer, Altaussees Schmuck und Zierde, war bei der Schatzsuche im Literaturmuseum behilflich, Herbert Seiberl, beherzter Förderer und Bändiger des Fremdenverkehrs, bewies seine schier unergründliche Kompetenz, und Hermine Veit, auch im Ruhestand unermüdliche Wirtin zu Gößl, erzählte, wie das war und ist, zwischen Grundlsee und Toplitzsee.

Ihnen und vielen anderen sei ganz herzlich gedankt.

Register

Bild- und Quellennachweis

Achatz & Ellinger, Wien (Photo: Marion Carniel): S. 195
Alpenpost, Bad Aussee: S. 15, 90, 217, 233
Archiv Christian Brandstätter, Wien: S. 101
Heimatmuseum Bad Aussee: S. 8, 9, 13, 25, 40, 41, 111, 117, 122, 134, 142, 152, 156, 157, 161, 170, 177, 208, 243
Erich von Kahler (Photo: Trude Geiringer): S. 184
Grete Kalß, Bad Aussee: S. 34
Alfred Komarek, Wien: S. 22, 29, 33, 37, 38, 47, 58, 63, 73, 77, 87, 92, 104, 107, 109, 113, 119, 126, 139, 148, 154, 162, 186, 188, 211
Österreichische Nationalbibliothek Wien, Bildarchiv: S. 164
Photo Rastl, Bad Aussee: S. 79, 81, 147, 159, 191, 220, 229, 237
Herbert Seiberl, Bad Aussee: Umschlagbild, S. 129, 248

Die Karte auf den Seiten 10/11 wurde von Eva Kellner, Langenzersdorf, gezeichnet.

Verlag und Autor danken dem S. Fischer Verlag, Frankfurt/Main, und dem Langen Müller Verlag, München, für die Erlaubnis, Texte von Hugo von Hofmannsthal bzw. Jakob Wassermann und Friedrich Torberg abzudrucken.
Der Abdruck des Originaltextes im Kapitel „Die Pfeiferlbuben in der Kaiserstadt“ erfolgte mit freundlicher Genehmigung der Marktgemeinde Bad Aussee.